Zivilrechtliche und strafrechtliche Aspekte des Spielertransfers im bezahlten Fussballsport

Eine Untersuchung über
die Rechtsverhältnisse in der National-Liga
des Schweizerischen Fussballverbandes (SFV)

von Dr. iur. Hans-Peter Stücheli

Schulthess Polygraphischer Verlag Zürich

© Schulthess Polygraphischer Verlag AG, Zürich, 1975
ISBN 3-7255-1680-4

Meinen lieben Eltern

Mein besonderer Dank gilt meinen verehrten Lehrern, Prof. Dr. Walter R. Schluep und Prof. Dr. Robert Hauser, für die Unterstützung, die sie mir zuteil werden liessen. Gleichzeitig liessen sie mir die volle Entscheidungsfreiheit bei allen in dieser Arbeit behandelten Fragen.

Mein Dank gilt aber auch dem Geschäftsführer der Nationalliga, Herrn Albin Kümin, der jederzeit bereit war, in aller Offenheit über die mit dem Thema zusammenhängenden Probleme zu sprechen.

INHALTSUEBERSICHT

VIII

LITERATURVERZEICHNIS
(In Klammern die jeweilige Zitierweise)

Affolter, A., Zur Lehre von den juristischen Personen, ZSR 9 (1890) S. 9 ff., (Affolter A. ZSR)

Auer E., Die richterliche Korrektur von Standardverträgen, Diss. Bern 1964 (Auer E.)

Becker H., Berner Kommentar zum Obligationenrecht, Allg. Bestimmungen Art. 1–183, Bern 1941, (Becker H. BE-Kommentar)

Berlinge H. von, Der schweizerische Kartellgesetzentwurf, WuW 1960, S. 328 ff. (Berlinge H. WuW)

Bernet A., Das Aussenseitertum in den Verbänden, WuR 1965, S. 138 ff. (Bernet A. in ...)

Botschaft des Bundesrates an die Bundesversammlung zum Entwurf eines Bundesgesetzes über die Revision des 10. Titels und des 10. Titels (bis) des OR (Arbeitsvertrag), in BBl 1967 II, S. 241 ff. (Botschaft in BBl ...)

Brunner H.P., Zwangskartelle, Diss. Zürich 1936, (H.P. Brunner)

Bucher E., Die Ausübung der Persönlichkeitsrechte, insbesondere die Persönlichkeitsrechte des Patienten als Schranke der ärztlichen Tätigkeit, Diss. Zürich 1956 (Bucher E.)

Büren B. von, Schweizerisches Obligationenrecht, allg. Teil, Zürich 1964 (Von Büren B.)

— Kommentar zum Wettbewerbsgesetz (BG über den unlautern Wettbewerb vom 30. Sept. 1943), Zürich 1957 (Von Büren B., Wettbewerbsgesetz)

Bürgi W., Wesen und Entwicklung des Persönlichkeitsrechtes nach schweizerischem Privatrecht, ZSR NF 66 (1947) S. 1 ff. (Bürgi W. ZSR)

Curti E., Die Mitgliedschaftsrechte der Vereinsmitglieder nach schweizerischem ZGB, Diss. Zürich 1952, (Curti E.)

Daeniker A., Wesen und Äusserungen der Körperschaftsgewalt bei privaten Verbänden, Diss. Zürich 1922, (Daeniker A.)

Dannecker-Kühr, Handbuch des Vereins- und Verbandsrechts, Neuwied 1970 (Dannecker-Kühr)

Deschenaux H., A propos de l'ouvrage "Das Schweizerische Kartellgesetz" du professeur Hans Merz, ZSR 1968, I, S. 73 ff. (Deschenaux H., ZSR 1968 I, S.)

— L'esprit de la loi fédérale sur les cartels et organisations analogues, Festgabe Paul Carry, Genève 1964, S. 193 ff. (Deschenaux H., Festgabe).

Egger A., Zürcher Kommentar zum Zivilgesetzbuch, 1. Band, 2. Auflage, Zürich 1930, (Egger A. ZH-Kommentar)

— Die rechtliche Natur der Sektionen eines Vereins, Ausgewählte Schriften und Abhandlungen, herausgegeben von Walther Hug, 2. Band, S. 17 ff., Zürich 1957, (Egger A. in Schriften)

Eidg. Statistisches Amt, Liste über die Berufsarten und Berufsbezeichnungen vom Dez. 1970.

Engel P., Traité des obligations en droit Suisse, Dispositions générales du CO, Neuchâtel 1973, (Engel P.)

Fick F., Die Sittlichkeit als Schranke der Vertragsfreiheit, SJZ 10, S. 281 ff. (Fick F. SJZ)

Fischer M., Begriff der Vertragsfreiheit, Diss. Zürich 1952, (Fischer M.)

Flume W., Die Vereinsstrafe, Festschrift für Ed. Bötticher, Berlin 1969, S. 101 ff. (Flume W. in Festschrift)

Flury H.A., Der Vereinszweck, Diss. Bern 1959, (Flury H.A.)

Geiger W., Die Grundrechte in der Privatrechtsordnung, zwei Vorträge In: Schriftenreihe der Hochschule Speier, Heft 9, Stuttgart 1960, (Geiger W.)

Gierke O., Das Wesen der menschlichen Verbände, Leipzig 1902, (Gierke O.)

Grossen J.M., Das Recht der Einzelpersonen, Schweiz. Privatrecht, 2. Band, S. 285 ff., Basel und Stuttgart 1967, (Grossen J.M.)

— Der Schutz der Persönlichkeit, ZSR NF 79 (1960) II, S. 117a ff. (Grossen ZSR)

Gruner E., Werden und Wachsen der schweizerischen Wirtschaftsverbände im 19. Jahrhundert, Schweizerische Zeitschrift für Geschichte, Band 6 (1956), S. 33 ff., (Gruner E.)

Guhl Th., Das schweizerische Obligationenrecht, 6. Aufl., Zürich 1972, (Guhl/Merz/Kummer)

Guldener M., Die Gerichtsbarkeit der Wirtschaftsverbände, ZSR NF 71 (1952) II, S. 208 a ff. (Guldener M. ZSR)

Gut H., Veranlassung und Ausführung wettbewerbsbehindernder Vorkehren, ZBR 409, S. 90 ff., Zürich 1973 (Gut H.)

Gutzwiller M., Verbandspersonen, Schweizerisches Privatrecht, 2. Band, S. 425 ff., Basel und Stuttgart 1967, (Gutzwiller M.)

Gygi F., Die schweizerische Wirtschaftsverfassung, Referate und Mitteilungen des Schweiz. Juristenvereins, 104. Jg., BS 1970, S. 265 ff. (Gygi F.)

Gysin A., Probleme des kollektiven Arbeitsrechts, ZSR 70 (1951), S. 373 ff. (Gysin A. ZSR)

Habscheid W., Vereinsrecht und staatliche Gerichtsbarkeit, in: Sport und Recht, hrsg. von F.C. Schröder/H. Kauffmann, Berlin/New York 1972, S. 158 ff. (Habscheid W.)

Hafner A., Boykott und Autonomie des Individuums nach schweiz. Privatrecht, Diss. Zürich 1959, (Hafner A.)

Hafter E., Kommentar zum Personenrecht, Band 1, 2. Aufl. Bern 1919, (Hafter E.)

Halter F., Verbände und Sektionen in ihrem gegenseitigen Verhältnis nach schweizerischem Recht, Diss. Bern 1946, (Halter F.)

HamannA./Lenz H., Das Grundgesetz für die Bundesrepublik Deutschland vom 23. Mai 1949, Kommentar, 3. Aufl., 1970, (Hamann/Lenz)

Heini A., Die Vereine, Schweizerisches Privatrecht, 2. Bd., Basel und Stuttgart 1967, S. 515 ff. (Heini A.)

Heinsheimer K., Mitgliedschaft und Ausschliessung, Die Praxis des Reichsgerichts, Berlin 1913, (Heinsheimer K.)

Heither F.H., Das kollektive Arbeitsrecht der Schweiz, Stuttgart 1964, (Heither F.H.)

Hinderling H., Persönlichkeit und subjektives Recht, die ärztliche Aufklärungspflicht, Basler Studie zur Rechtswissenschaft, Heft 66/1963, S. 1 ff. (Hinderling H., Basler Studie)

Hindermann W.E., Leitfaden zum Arbeitsgesetz, 2. Aufl., Zürich 1970, (Hindermann W.E.)

Holer O., Zur Rechtsprechung über Boykott, SJZ 16 (1919/20), S. 149 ff., (Holer O., SJZ)

Homberger A., Das Schweizerische Zivilgesetzbuch, 2. Aufl., Zürich 1943, (Homberger A.)

Homburger E., Rechtsgrundlagen der Interessenabwägung bei Anwendung des Kartellgesetzes, ZSR 89 (1970) II, S. 1 ff., (Homburger E. ZSR)

Horschitz H., Vereinsstrafe, Betriebsstrafe, Vertragsstrafe, Diss. Heidelberg 1970, (Horschitz H.)

Hotz K.E., Zum Problem der Abgrenzung des Persönlichkeitsschutzes nach Art. 28 ZGB, Diss. Zürich 1967, (Hotz K.E.)

Huber E., Ein- und Austritt von Mitgliedern einer Gemeinschaft, ZSR 40 (1921) S. 5 ff. (Huber E. ZSR)

Huber H., Die Bedeutung der Grundrechte für die sozialen Beziehungen unter den Rechtsgenossen, ZSR 74 (1955) I, S. 173 ff., (Huber H.)

— Verbandsrecht und staatliches Recht, ZBl 1949, S. 52 ff., (Huber H. in ZBl)

Hueck A., Normenverträge, Jehrings Jahrbücher 77 (1923), S. 33 ff., (Hueck A.)

Hug W., Kommentar zum Arbeitsgesetz, Bern 1971, (Hug W.)

— Kartell- und Konzernrecht, Handbuch der Schweizerischen Volkswirtschaft, Band II (K-Z), S. 20—23, Bern 1955 (Hug W. Konzernrecht)

Jäggi P., Fragen des privatrechtlichen Schutzes der Persönlichkeit, ZSR 79 (1960) II, S. 218 ff., (Jäggi P. ZSR)

— Buchbesprechung ZbJV 96, S. 389 ff.,

Keller H., Allgemeine Geschäftsbedingungen, Diss. Bern 1970 (Keller H.)

Koller A., Die Konzeption des möglichen Wettbewerbs — Auslegungshilfe des Kartellgesetzes, WuR 1970, S. 149 ff. (Koller A. WuR)

Kronauer M., Die Drittwirkung der Freiheitsrechte (Buchbesprechung) ZBl 71 (1970) S. 269 f., (Kronauer M. ZBl)

Kummer M., Anwendungsbereich und Schutzgut der privatrechtlichen Rechtssätze gegen unlauteren und gegen freiheitsbeschränkenden Wettbewerb, Abhandlungen zum schweizerischen Recht, NF Heft 338, Bern 1960, (Kummer M. Abhandlungen)

— Der Begriff des Kartells, Abhandlungen zum schweizerischen Recht, Heft 372, Bern 1966, (Kummer M.)

— Spielregeln und Rechtsregeln, Abhandlungen zum schweizerischen Recht, Heft 426 Bern 1973, (Kummer M., Spielregeln)

Kummer M., Sind Spielregeln Rechtsregeln? Gutachten zuhanden des Schweizerischen Fussballverbandes vom 16. Oktober 1972 (Kummer M. Gutachten) (nicht veröffentlicht)

Küng E., Boykott, WuR 1965, S. 138 ff. (Küng E.)

Künzler F., Der Schutz der Persönlichkeit nach Art. 27 ZGB, Diss. Zürich 1951, (Künzler F.)

Lampert/Widmer, Wie gründe und leite ich einen Verein? 4. Aufl., Zürich 1970, (Lampert/Widmer)

Larenz K., Methodenlehre der Rechtswissenschaft, 2. Aufl. Berlin/Heidelberg/New York 1969, (Larenz K.)

Marti H., Die Handels- und Gewerbefreiheit nach den neuen Wirtschaftsartikeln, Bern 1950 (Marti H., HGF)

Mathys P., Verhältnis zwischen Kartellrecht und kollektivem Arbeitsrecht, Diss. Basel 1969, Basler Studie Heft 88, (Mathys P.)

Mattmann H., Die Preisbindung der zweiten Hand nach dem schweizerischen Kartellgesetz, Diss. Freiburg 1970 (Mattmann H., Preisbindung)

Mazzola E., Verhältnis und Abgrenzung von Art. 20 und 21 OR, Diss. Basel 1970 (Mazzola E.)

Merz H., Über die Schranken der Kartellbindung, Abhandlungen zum schweizerischen Recht, Heft 302, Bern 1953 (Merz H., Abhandlungen)

– Das schweizerische Kartellgesetz, Abhandlungen zum schweizerischen Recht, Heft 376, Bern 1966 (Merz H., Kartellgesetz)

– Besprechung des Kommentars zum Kartellgesetz von L. Schürmann, ZbJV 101, S. 318 (Merz H. ZbJV)

– Berner Kommentar zum Zivilgesetzbuch zu Art. 2 ZGB, Band 1, Einleitung und Personenrecht, Bern 1962 (Merz H. BE-Kommentar)

– Massenvertrag und allgemeine Geschäftsbedingungen, in Festgabe W. Schönenberger, Freiburg 1968, S. 137 ff. (Merz H. AGB)

– Der zivilrechtliche Schutz der Persönlichkeit gegen Ehrverletzungen durch die Druckerpresse, Türkisch-schweizerische Juristentage 1970, Zürich 1971 (Merz H., Türkisch/Schweiz. Juristentage)

– Zur Boykottrechtsprechung ZbJV 96 (1960) S. 460 ff. (Merz H. ZbJV)

– Die bundesgerichtliche Rechtsprechung im Jahre 1960: ZbJV 97 (1961) S. 414 ff. (Merz H. ZbJV)

– Bedeutsame Entwicklung der bundesgerichtlichen Rechtsprechung über den Boykott SJZ 52 (1956), S. 321 ff., (Merz H. SJZ)

Meyer-Cording U., Die Rechtsnormen, Monographie, Tübingen 1971, (Meyer-Cording U. Rechtsnormen)

– Betriebsstrafe und Vereinsstrafe im Rechtsstaat, NJW 1966, S. 225 ff. (Meyer-Cording, Vereinsstrafe)

Müller J.P., Die Grundrechte der Verfassung und der Persönlichkeitsschutz des Privatrechts. Abhandlungen zum schweizerischen Recht, Heft 360, 1964 (Müller J.P.)

– Soziale Grundrechte in der Verfassung, Referat zum schweizerischen Juristentag, Basel 1973, ZSR NF 92 (1973), II, S. 697 ff. (Müller J.P., ZSR)

Müller-Henneberg/G. Schwartz, Kommentar zum Gesetz gegen Wettbewerbsbeschränkungen, 2. Aufl., Köln und Berlin 1958 (Müller-Henneberg/Schwartz)

Naegeli W., Allgemeine Geschäftsbedingungen, Ihre Massgeblichkeit und Unmassgeb-
lichkeit für die Bestimmung des Inhalts der Vertragsabrede, Diss. Zürich 1951
(Naegeli W.)

Nipperdey H.C., Grundrechte und Privatrecht, Universitätsrede, Festschrift für E.
Molitor, Berlin 1962 (Nipperdey H.C.)

Nef H., Der richterliche Schutz der Handels- und Gewerbefreiheit, Festgabe zur
Hundertjahrfeier der Bundesverfassung, S. 191 ff. Zürich 1948 (Nef H.)

Oftinger K., Die Vertragsfreiheit, die Freiheit des Bürgers im schweizerischen Recht,
Festgabe zur Hunderjahrfeier der Bundesverfassung, S. 315 ff. Zürich 1948,
(Oftinger K., Vertragsfreiheit)

— Die ungelesen unterzeichnete Urkunde und verwandte Tatbestände, Festgabe der
juristischen Fakultät Basel für August Simonius, 1955, S. 263 ff.

Oser H./Schönenberger W., Zürcher Kommentar zum allgemeinen Teil des Obliga-
tionenrechts, Art. 1–183 OR, 2. Aufl. Zürich 1929, (Oser/Schönenberger, Zürcher Kommentar)

Pflüger F., Das vertragliche Konkurrenzverbot im Dienstvertrag, Diss. Bern 1949
(Pflüger F.)

Prüfer R.D., Die betrieblichen Sanktionen gegenüber den Arbeitnehmern nach deutschem Recht (Betriebsjustiz), Diss. St. Gallen 1972 (Prüfer R.D.)

Raiser L., Das Recht der allgemeinen Geschäftsbedingungen, Hamburg 1935 (Rei-
ser L.)

Rausch H., Das Persönlichkeitsrecht und der Schutz des Einzelnen vor verletzenden
Pressebildern, Diss. Zürich 1969, (Rausch H.)

Rehbinder M., Grundriss des schweizerischen Arbeitsrechts, 2. Aufl., Bern 1972
(Rehbinder M.)

— AGB und die Kontrolle ihres Inhalts, Berlin 1972 (Rehbinder M., AGB)

Roser A., Die Betriebsstrafe, Diss. Zürich 1969 (Roser A.)

Saladin P., Grundrechte im Wandel, die Rechtsprechung des schweizerischen Bundesgerichts zu den Grundrechten in einer sich ändernden Umwelt, Bern 1970
(Saladin P.)

Samstag P., Der Spielerwechsel im bezahlten Fussball, Diss. Giessen (BRD) 1970
(Samstag P.)

Sattler H., Zu den Begriffen des Kartells und der kartellähnlichen Organisation, Diss.
Zürich 1970 (Sattler H.)

Schlatter K., Die Ein- und Austrittsfreiheit von Kartellmitgliedern, Diss. Zürich 1933
(Schlatter K.)

Schlosser P., Vereins- und Verbandsgerichtsbarkeit, München 1972 (Schlosser P.)

Schluep W.R., Überbordungsgefahren von Arbeitskonflikten in unserer Zeit, Bern
1973 (Schluep W.R., Arbeitskonflikte)

— Die methodologische Bedeutung des Typus im Recht, Festgabe Max Obrecht,
S. 9 ff., hrsg. vom solothurnischen Juristenverein, Solothurn 1961 (Schluep W.R.,
Festgabe)

Schluep W.R., Der Alleinvertriebvertrag — Marktstein der EWG-Kartellpolitik, Schweizerische Beiträge zum Europarecht, Bern 1966 (Schluep W.R., Alleinvertriebsvertrag)

— Vom unlauteren zum freien Wettbewerb, Zeitschrift der deutschen Vereinigung für gewerblichen Rechtsschutz und Urheberrecht (GRUR) Heft 6/7 (1973) S. 446 ff. (Schluep W.R. GRUR)

— Von der Kontrahierungspflicht der kartellähnlichen Organisationen, WuR 1969 S. 193 ff. (Schluep W.R., Kontrahierungspflicht)

— Markenschutzgesetz und Kartellgesetz, Stillstand und Fortentwicklung im schweizerischen Recht, Festgabe zum schweizerischen Juristentag 1965 in St. Gallen, S. 381 ff., Bern 1965 (Schluep W.R., Markenschutzgesetz)

Schluep W.R./Ott W./Meier-Hayoz A., Zur Typologie im schweizerischen Gesellschaftsrecht, ZSR 90 (1971), I, S. 293 ff.

Schmidt-Salzer J., Allgemeine Geschäftsbedingungen, NJW-Schriften 11/1971, S. 4 ff. (Schmidt-Salzer)

Schnegelsberg J., Das schweizerische Kartellgesetz, Köln 1964 (Schnegelsberg J.)

Schoch W., Begriff, Anwendung und Sicherung der Konventionalstrafe, Diss. Bern 1935 (Schoch W.)

Schönenberger Th./Jäggi P., Zürcher Kommentar zum Obligationenrecht, Art. 1—529 OR, Zürich 1968 ff. (Schönenberger/Jäggi, N.)

Schoop R., Der Gesamtarbeitsvertrag, St. Gallen 1969 (Schoop R.)

Schumacher R., Die Presseäusserung als Verletzung der persönlichen Verhältnisse, insbesondere ihre Widerrechtlichkeit, Diss. Freiburg 1960 (Schumacher R.)

Schürmann L., Geltungsbereich des Kartellgesetzes, WuR 1963, S. 77 ff. (Schürmann L. WuR)

— Bundesgesetz über Kartelle und ähnliche Organisationen vom 20. Dezember 1962, Textausgabe mit Erläuterungen und Sachregister, Zürich 1964 (Schürmann L., Kommentar)

Schweingruber E., Kommentar zum Dienstvertrag, 4. Aufl., Bern 1969, (Schweingruber E. Kommentar)

Schweingruber E./Bigler W.F., Kommentar zum Gesamtarbeitsvertrag mit Einschluss der Allgemeinverbindlicherklärung, 2. Aufl., Bern 1972, (Schweingruber/ Bigler, Kommentar)

Seiler K., Die Verbände nach schweizerischem Vereins- und Genossenschaftsrecht, Diss. Zürich 1937, (Seiler K.)

Simonius A., Ein verkanntes Freiheitsrecht, Festgabe für Erwin Ruck, Basel 1952 (Simonius A., Festgabe)

— Zur Erinnerung an die Entstehung des Zivilgesetzbuches, ZSR 76 (1957), I, S. 293 ff. (Simonius A. ZSR)

— Persönlichkeitsrechte des Privatrechts in ihrem Verhältnis zu den öffentlichen Freiheitsrechten, Festgabe zur Hundertjahrfeier der Bundesverfassung, Zürich 1948, S. 281 ff. (Simonius A., Festgabe zur Hundertjahrfeier der BV)

Specker K., Die Persönlichkeitsrechte mit besonderer Berücksichtigung des Rechts auf die Ehre im schweizerischen Privatrecht, Aarau 1911 (Specker K.)

"Sport", Sportzeitung (Zürich) vom 16. Juli 1973, Nr. 81

— Sportzeitung (Zürich) vom 30. Juli 1969, Nr. 87, S. 18

— Sportzeitung (Zürich) vom 8. August 1969, Nr. 91, S. 20

— Sportzeitung (Zürich) vom 12. September 1969, Nr. 106, S. 19

— Sportzeitung (Zürich) vom 2. November 1973, Nr. 127, S. 17

Steiger F. von, Vereine mit wirtschaftlichen Zwecken? Neue Zürcher Zeitung (NZZ) Nr. 316 vom 22. Februar 1945 (von Steiger F., NZZ)

Stern K., Die Grundrechte der Sportler, in: Sport und Recht, herausgegeben von F.C. Schröder /H. Kauffmann, Berlin/New York 1972 (Stern K.)

— Grundrechte der Sportler – Fragen der Sportgerichtsbarkeit, Vortrag vor der juristischen Gesellschaft zu Kassel (BRD) vom 1. November 1972.

Streiff U., Leitfaden zum neuen Arbeitsvertragsrecht, Zürich 1972 (Streiff U.)

Thommen W., Beitrag zur Lehre vom Begriff der guten Sitten, Diss. Zürich 1954 (Thommen W.)

Tschudi H.P., Koalitionsfreiheit und Koalitionszwang, ZSR 67 (1948) S. 360 ff. (Tschudi H.P. ZSR)

Tuhr A. von, Der allgemeine Teil des deutschen bürgerlichen Rechts, Band I, München 1910, allg. Lehren und Personenrecht, (von Tuhr A.)

Tuhr A./Siegwart A., Allgemeiner Teil Obligationenrecht, 2. Band, 2. Aufl., Zürich 1944 (von Tuhr/Siegwart)

Tuor P., Das schweizerische Zivilgesetzbuch, 8. Aufl., Zürich 1968 (Tuor P. ZGB)

Vodoz A., Le bocottage en droit civil suisse, Diss. Lausanne 1926, (Vodoz A.)

Wespi K., Die Drittwirkung der Freiheitsrechte, Diss. Zürich 1968, Zürcher Beiträge zur Rechtswissenschaft, NF Heft 273, 1968 (Wespi K.)

Westermann H.P., Verbandsstrafgewalt und das allgemeine Recht, Bielefeld 1972 (Westermann, Verbandsstrafgewalt)

Widmer Max, Die Gewerbefreiheit nach schweizerischem und die Berufsfreiheit nach deutschem Recht, Diss. Bern 1967, (Widmer M.)

Widmer P., Die Transferbestimmungen im Fussball, eine juristische Beurteilung, Neue Zürcher Zeitung (NZZ) vom 1. August 1962, Blatt 2, Nr. 2969 (Widmer P. NZZ)

Wiedemann C.P., Beiträge zur Lehre von den idealen Vereinen, Diss. Bern 1906 (Wiedemann C.)

Wildhaber L., Gedanken zur Rassendiskriminierung, Rechtsgleichheit und Drittwirkung im schweizerischen Recht, ZBl, Band 72/1971, S. 465 ff. (Wildhaber L. ZBl)

Zwimpfer B.P., Zweck und Mittel im Boykott, Diss. Freiburg (CH) 1955, (Zwimpfer B.P.)

Strafrechtliche Literatur

Bollag C., Die Grenzen der strafbaren Nötigung, Diss. Zürich 1900 (Bollag C.)

Germann O.A., Das Verbrechen im neuen Strafrecht, Zürich 1942 (Germann O.A.)

Hafter E., Schweizerisches Strafrecht, besonderer Teil, 1. Hälfte, Berlin 1937 (Hafter E.)

Hauser R., Die Nötigung, Kriminalistik 14/1960, S. 175 ff. (Hauser R. Kriminalistik)

Hofstetter-Leu F., Der Boykott nach schweizerischem Recht, Oerlikon 1911 (Hofstetter-Leu)

Hug H., Die Drohung im Strafrecht, Diss. Zürich 1924 (Hug H.)

Kern W., Die Nötigung nach Art. 181 StGB, Diss. Bern 1942 (Kern W.)

Logoz P., Commentaire du code pénal suisse, partie spéciale I, (art. 111 à 212), Neuenburg 1955 (Logoz P.)

Maurach R., Deutsches Strafrecht, allgemeiner Teil, 3. Auflage, Berlin/München 1949 (Maurach R. AT)

— Besonderer Teil, 4. Auflage, Karlsruhe 1964 (Maurach R. BT)

Mezger E., Strafrecht, ein Lehrbuch, 3. Auflage, Berlin/München 1949 (Mezger E. Lehrbuch)

Moppert A., Grenzen des strafbaren Zwangs bei Nötigung, ZStR Band 88/1972, Heft 2, S. 173 ff (Moppert A. ZStR)

Schmidt Erika, Die Nötigung als selbständiger Tatbestand und als Tatbestandselement im Strafgesetzbuch, Diss. Bern 1969 (Schmidt E.)

Schönke A./Schröder H., Strafgesetzbuch, Kommentar, 11. Auflage, München und Berlin 1963 (Schönke/Schröder)

Schultz H., Kartellabrede und Strafrecht ZStR 74/1959, S. 257 ff. (Schultz H. Kartellabrede)

— Zum Begriff der Nötigung; aus der Praxis erstinstanzlicher Gerichte, ZbJV 90/ 1954, S. 467 (d), Schultz H., ZbJV)

— Tat- und Rechtsirrtum, Referat vom 28.1. bzw. 4.2.1959 im Kurs für Strafuntersuchungsgefangene des Kantons Zürich (Schultz H., Referat)

— Einführung in den allgemeinen Teil des Strafrechts, 1. Band, Die allgemeinen Voraussetzungen der kriminalrechtlichen Sanktionen, Bern 1973 (Schultz H. AT I)

Schwander V., Das schweizerische Strafgesetzbuch unter besonderer Berücksichtigung der bundesgerichtlichen Praxis, 2. Auflage, Zürich 1964 (Schwander V.)

Sportzeitschrift, "Sport" vom 2. Nov. 1973, Nr. 127 / 53. Jahrgang, S. 17 f. (Sport)

Stratenwerth G., Schweizerisches Strafrecht, Besonderer Teil I: Straftaten gegen Individualinteressen, Bern 1973 (Stratenwerth, BT I)

Thormann P./Overbeck A. von, Schweizerische Strafgesetzbuch, 2. Band, Zürich 1941, (Thormann/Overbeck)

Welzel H., Das deutsche Strafrecht, eine systematische Darstellung, 11. Auflage, Berlin 1969 (Welzel H.)

ABKUERZUNGSVERZEICHNIS

a.a.O.	am angeführten Ort
AGB	Allgemeine Geschäftsbedingungen
Abh.	Abhandlung
a.M.	andere Meinung
BBl	Bundesblatt
BG	Bundesgesetz
BGB	Deutsches Bürgerliches Gesetzbuch vom 18. August 1896
BGE	Entscheidungen des Schweizerischen Bundesgerichts
BGHZ	Entscheide des deutschen Bundesgerichtshofes in Zivilsachen
BV	Bundesverfassung
BVerfGE	Deutsches Bundesverfassungsgericht
BVerwGE	Deutsches Bundesverwaltungsgericht
DFB	Deutscher Fussballbund
Diss.	Dissertation
E.	Erwägung
GAV	Gesamtarbeitsvertrag
GG	Bonner Grundgesetz vom 23. Mai 1949
gl. M.	gleiche Meinung
HGF	Handels- und Gewerbefreiheit
JZ	Juristenzeitung, Tübingen
KG	Kartellgesetz vom 20. Dezember 1962
NA-Statut	Statut für Nichtamateur-Spieler vom 5. Mai 1972
NF	neue Folge
NL	National-Liga
NL-A/B	National-Liga Gruppe A und Gruppe B
NL-Statuten	Statuten der Nationalliga des SFV vom 5. Mai 1972
NJW	Neue Juristische Wochenschrift, München und Frankfurt a.M.
QR	Reglement für die Qualifikation der Nationalliga-Spieler vom 29. Mai 1972
Regl. zur Begr. der TS	Reglement der Nationalliga betreffend die Begrenzung der Spielerentgelte und Transfersummen vom 5. Mai 1972
RS	Rechtsprechung in Strafsachen, Bern
SFV	Schweizerischer Fussballverband
SJZ	Schweizerische Juristenzeitung, Zürich
SV	National-Liga A oder B Spielervertrag
UWG	Bundesgesetz über den unlautern Wettbewerb vom 30. Sept. 1943
WR	Wettspielreglement des SFV vom 30. April 1962 und Neufassung vom 15. August 1973
WuR	Zeitschrift für Wirtschaft und Recht, Zürich

WuW	Zeitschrift für Wirtschaft und Wettbewerb, Düsseldorf
ZbJV	Zeitschrift des bernischen Juristenvereins, Bern
ZBl	Schweizerisches Zentralblatt für Staats- und Gemeindeverwaltung, Zürich
ZSR	Zeitschrift für schweizerisches Recht, Basel
ZStR	Schweizerische Zeitschrift für Strafrecht, Bern

1. TEIL

Realien

A. Vorbemerkungen

Wir wollen in der Darstellung der verschiedenen möglichen Sachverhalte erläutern, welche Phasen ein Transfergeschäft zu durchlaufen hat, bis der Spieler, vom alten Verein freigegeben, beim neuen (übernehmenden) Verein spielberechtigt ist. Es sollen in diesem Teil keine rechtlichen Probleme aufgezeigt werden. Die Schilderung der Sachverhalte, die Ausgangspunkt dieser Arbeit sein sollen, steht im Vordergrund. Wir werden uns dabei auf die vom Fussballverband und der Nationalliga (NL) erlassenen Reglemente stützen (1).

Zwei Gründe rechtfertigen eine Differenzierung der verschiedenen Sachverhalte: Einerseits werden anhand der Sachverhalte in einem zweiten Teil die vielfältigen rechtlichen Probleme aufgezeigt und besprochen. Andererseits darf beim Leser dieser Untersuchung nicht ohne weiteres vorausgesetzt werden, dass er den Vorgang, wie ihn die Reglemente festhalten, kennt. So gesehen, dient die Darstellung des Sachverhaltes dem besseren Verständnis der rechtlichen Überlegungen.

Die Bestimmungen über die Regelung des Spielerübertritts haben in der letzten Zeit in vermehrtem Masse den Fussballverband und die Sportöffentlichkeit beschäftigt. Zum einen sind die Vorschriften und Reglemente zahlreicher geworden, zum andern sind rechtliche Fragen aufgetaucht, so dass eine Untersuchung angezeigt erscheint. Welches mögen die Gründe sein, die die Nationalliga bewogen haben, zu einer straffen Reglementierung zu greifen und das freie Spiel von Angebot und Nachfrage beim Spielerwechsel zu beschränken? Die Inflation hat selbstverständlich auch vor den Fussballclubs nicht halt gemacht. Die Ausgaben der Vereine haben um ein Vielfaches zugenommen. Die "Löhne" der Spieler und die Transfersummen passten sich stets den steigenden Lebenshaltungskosten an. Ebenso sind die Materialkosten von den unablässig steigenden Preisen nicht verschont geblieben und die zur Mode gewordenen Trainslager haben von den Vereinen vermehrte Ausgaben verlangt. Diese Entwicklung konnte auch mit der Erhöhung der Eintrittspreise nicht aufgefangen werden. Infolge der eher rückläufigen Zuschauerzahlen (vor allem in der NL-B)

1 Statuten der Nationalliga des Schweizerischen Fussballverbandes (SFV) vom 5. Mai 1972, Reglement für das Kontroll-Organ der Nationalliga vom 5. Mai 1972, Statut für Nichtamateur-Spieler vom 5. Mai 1972 (NA-Statut), Reglement für die Qualifikation der Nationalliga-Spieler (QR) vom 29. Mai 1972, National-Liga A oder B Spielervertrag (SV) mit Anhang, Reglement der NL betr. die Begrenzung der Spielerentgelte und Transfersummen vom 5. Mai 1972 sowie das Wettspielreglement des SFV (WR) vom 30. April 1962 und in der Neufassung vom 15. August 1973.

2

und einer zum Teil von blindem Erfolgsdenken diktierten Ausgabensteigerung trat bei den meisten NL-Vereinen eine Verschuldung ein. Namentlich das bescheidene Angebot von wirklichen Spitzenfussballern und der Ehrgeiz der Clubs setzt den Forderungen der Spieler und den Transfersummen keine Grenzen. Diese Faktoren haben bewirkt, dass sich der Verband genötigt sah, mehr und mehr Angebot und Nachfrage zu beeinflussen. Die Clubs wären heute noch höher verschuldet, zumal eine freiwillige Selbstbeschränkung der Vereine in keinem Moment zu erwarten war. Die Reglementierung hat auch einen von Verbandsseite gewünschten Nebenerfolg gebracht: Die Spieler sollten an das Satzungsrecht gebunden werden (z.B. im Art. 4 SV). Für die Durchsetzbarkeit der Verbandsstrafen ist eine solche Bindung von grosser Wichtigkeit. Wie anders wollte ein Verband (NL) einem Spieler strafen auferlegen können, wenn dieser gar nicht Mitglied des Verbandes ist, sondern nur der Verein, für den er spielt?

In gewisser Hinsicht dienen die Vorschriften aber auch dem Selbstschutz der Vereine. Umworbene Spitzenspieler sind zwangsläufig versucht, ihre Forderungen gegenüber den Clubs ständig zu erhöhen, weil sie jederzeit bei der "Konkurrenz" ein ebenso gutes Angebot erhalten. Gegen solche Verhaltensweisen wollten sich die Vereine absichern.

B. Die möglichen Sachverhalte

I. Erster Sachverhalt: Der sogenannte "Normalfall"

Zwischen dem Spieler und seinem Verein besteht ein Arbeitsvertrag (2), der dem Verein das Recht gibt, das fussballerische Können des Spielers für die Mannschaft in Anspruch zu nehmen, sowie den Verein verpflichtet, die zugesicherten, gemäss Nationalliga-Spielvertrag vereinbarten Leistungen (Art. 3: Ordentliche Vermögensleistungen, Anhang: Ausserordentliche Vermögensleistungen) zu erbringen. Die Pflichten des Spielers entsprechen denjenigen eines Arbeitnehmers. Dass er sich in bestmöglicher körperlicher Verfassung dem Verein zur Verfügung stellt, ergibt sich aus der besonderen Art der zu erbringenden Leistung. Sein Recht ist es, die im Spielervertrag vereinbarten Leistungen bei Fälligkeit zu fordern.

Äussert der Spieler den Wunsch, zu einem anderen Verein überzutreten, so stellt er den Antrag, das Arbeitsverhältnis aufzulösen. Die Initiative für einen Clubwechsel wird aber nur in den wenigsten Fällen vom Spieler ausgehen. Meist wird es der Verein sein, der auf die Dienste eines Spielers verzichten möchte und diesem deshalb nahe legt, sich transferieren zu lassen. Die Absicht des Spielers geht auf den Abschluss eines Spielervertrages mit dem neuen Verein. Der Übertritt soll innerhalb der

2 Nationalliga A oder B Spielervertrag.

Nationalliga stattfinden. Wir gehen von der Voraussetzung aus, dass der Spieler nach Art. 2 Abs. 2 QR im Besitze einer Lizenz I (3) oder einer Lizenz II (4) ist. Die beiden Kategorien von Spielern bilden die Regel für die Nationalliga. Eine dritte Kategorie bilden die Amateure. Sie spielen noch heute in der NL ohne Zuwendungen im Sinne eines Arbeitsentgeltes zu beziehen.

Ein Spieler, der die Voraussetzungen von Art. 1 und Art. 3 QR nicht erfüllt, kann die Spielberechtigung nur erlangen, wenn der neue Verein ein Übertrittsgesuch einreicht (Art. 4 Abs. 1 QR). Art. 1 QR nennt jenen Fall, in welchem der Spieler die Spielberechtigung für die NL bereits besitzt, Art. 3 QR die Spielberechtigung für "freie" Spieler. Gemäss dieser Bestimmung sind in der Nationalliga sofort spielberechtigt: Spieler, die

a) in den letzten zwei Jahren vor Einreichung des Gesuches keine Verbandsspiele in der Nationalliga ausgetragen haben, gerechnet ab Ende der Saison, in der das letzte Spiel ausgetragen wurde.

b) in den letzten 24 Monaten vor Einreichung des Gesuches kein Spiel in einer Amateurliga des SFV oder in einem ausländischen Verband ausgetragen haben und zudem nach den Bestimmungen der FIFA frei sind.

Alle Übertrittsgesuche sind auf speziellem Formular in zweifacher Ausfertigung an das Zentralsekretariat des SFV einzureichen (Art. 4 Abs. 2 QR).

Es sind folgende Fälle auseinanderzuhalten:

a) Übertritt eines NL-Spielers (Art. 5 QR) in einen andern NL-Verein und Übertritt aus einem ausländischen Verband in einen Verein der Nationalliga mit Spielberechtigung bis zur Nationalliga: Beide Übertrittsgesuche gehen an das Sekretariat der Nationalliga (Art. 4 Abs. 3 QR).

b) Übertrittsgesuche minderjähriger Spieler: Sie sind vom gesetzlichen Vertreter mitzuunterzeichnen (Art. 4 Abs. 7 QR).

c) Übertrittsgesuche mit Vereinbarung gemäss Art. 12 QR: Beide Übertrittsgesuche sind mit der Vereinbarung dem Sekretariat der Nationalliga zuzustellen (Art. 4 Abs. 4 QR). Tritt ein Spieler aus einem ausländischen Verband in einen Verein der NL über, so holt das Zentralsekretariat des SFV die Freigabe des zuständigen Verbandes ein. Diese Freigabe wird dem Sekretariat der NL zugestellt.

Was unter einem Nationalliga-Spieler im Sinne der Übertrittsbestimmungen zu verstehen ist, definiert Art. 5 Abs. 1 lit. a–d QR.

Damit aber Übertrittsverhandlungen zwischen dem Spieler und seinem zukünftigen Verein überhaupt stattfinden können, muss der einen Clubwechsel anstrebende Spieler oder von seinem bisherigen Verein für einen Übertritt vorgesehene Spieler in

---

3 Nachwuchs- bzw. NL-B-Spieler: Bezüge werden von der Generalversammlung pro Saison festgelegt.

4 Standard- bzw. Nationalliga-Spieler: Halbprofessionalspieler, die höhere Zuwendungen beziehen.

4

der offiziellen Transferliste Aufnahme finden (Art. 5 bis QR). Absatz 1 des zitierten
Artikels hält fest, dass es Clubfunktionären untersagt ist, mit Spielern zu verhandeln,
die nicht in die Transferliste aufgenommen sind. Ebenso ist es den Spielern nicht erlaubt, ohne schriftliche Bewilligung des alten Vereins Übertrittsverhandlungen zu
führen (Art. 5 Abs. 2 QR). Der alte Verein muss also in jedem Fall von allfälligen
Übertrittsabsichten seines Spielers Kenntnis haben. Die offizielle Transferliste wird
vom Sekretariat der Nationalliga geführt (Art. 5 bis Abs. 4 QR). Erst von diesem
Zeitpunkt an können sich die Parteien (Spieler und übernehmender Verein) als Verhandlungspartner gegenübertreten. Der alte Verein ist grundsätzlich einverstanden,
dass sein Spieler zu einem andern Club wechselt. Er gestattet oder veranlasst, dass
der Spieler auf die offizielle Transferliste gemäss Art. 5 bis QR gesetzt wird.

Die Parteien sind aber gehalten, die vom Reglement für die Qualifikation der Nationalliga-Spieler (QR) festgelegten Übertrittsperioden zu beachten. Das Reglement
erwähnt zwei Übertrittsperioden: Die erste beginnt nach dem letzten Meisterschaftsspiel der abgelaufenen Saison (in der Regel Mitte Juni) und die zweite mit dem
1. Oktober. Die erste Übertrittsperiode dauert für zuletzt beim SFV spielberechtigte Spieler bis zum 15. Juli, für Spieler eines ausländischen Verbandes bis zum 31. Juli.
Das Ende der zweiten Übertrittsperiode fällt mit dem 31. Dezember zusammen, wobei in der zweiten Periode nur noch *ein* Transfer eines NL-Spielers bewilligt werden
kann (Art. 9 Abs. 2, 3 und 4 QR).

Der neue Verein tritt in der Folge mit dem alten Verein in Verhandlungen ein.
Hauptgesprächspunkt dürfte in der Regel die vom alten Verein beanspruchte Transfersumme sein. Die Vereine haben dabei die Vorschriften des Reglementes der Nationalliga betr. die Begrenzung der Spielerentgelte und Transfersummen zu beachten
(Art. 11 Regl. zur Begr. der TS). Über die in diesem Artikel genannten Maxima dürfen die Vereine nicht hinausgehen. Akzeptiert der neue Verein die für den Übertritt
des Spielers geforderte Summe oder einigen sich der alte und der neue Verein auf
die Höhe der Ablösesumme, so erteilt der alte Verein die Freigabe (Art. 6 QR). Nur
mit einer bedingungslosen und ordnungsgemässen Freigabe kann der NL-Spieler in
einen anderen Nationalliga-Verein übertreten. Als rechtsgültige Unterschriften werden bei Freigaben nur solche anerkannt, die auf der Unterschriftenkarte beim Sekretariat der Nationalliga deponiert sind, auch wenn die Zeichnungsberechtigung der
statutarischen Regelung des betreffenden Vereins nicht entspricht.

Die Verhandlungen des neuen Vereins mit dem Spieler können nun aufgenommen werden. Ziel dieser Verhandlungen wird es sein, einen Arbeitsvertrag zwischen
den Parteien zu schliessen. Vertragsparteien sind der neue Verein einerseits und der
Spieler andererseits. Der Vertragsinhalt ist festgelegt im Nationalliga A oder B Spielervertrag und im "Anhang" zum genannten Vertrag (5). Seine wesentlichen Punkte
sind:

---

5 Neufassung des "Entwurfes eines Arbeitsvertragsformulars zur Verwendung durch die Clubs
  der Nationalliga des SFV beim Abschluss von Spielerverträgen".

a) Die Vertragsparteien und die Angabe der Spielerkategorie des übertretenden Spielers (Art. 1 Spielvertrag, SV).

b) Vertragsabschluss: Mit der Unterzeichnung durch die Parteien wird der Vertrag für sie bindend (Art. 2 SV).

c) Ordentliche Vermögensleistungen des Clubs (Art. 3 SV).

d) Einbezug des Satzungsrechts (Art. 4 SV).

e) Nichtigkeitsgründe (Art. 5 SV).

f) Weitere Vereinbarungen (Art. 6 SV).

g) Dauer und Beendigung des Nationalliga-Spielvertrages (Art. 7 SV).

h) Disziplinarrechtliche Unterstellung (Art. 8 SV) des Spielers unter die Disziplinargewalt der zuständigen Verbands- und Cluborgane.

i) Schiedsgerichtsvereinbarung (Art. 9 SV): Verzicht, den ordentlichen Richter anzurufen.

k) Im Anhang: Ausserordentliche Vermögensleistungen des Clubs.

Bei Vertragsschluss haben sich die Parteien an das Reglement betr. die Spielerentgelte zu halten. So besteht für jede Kategorie von Spielern (Nationalspieler, Standardspieler, Nachwuchsspieler, Einheitskategorie der NL-B-Spieler) ein Maximum, das ein Verein der Nationalliga einem Spieler höchstens zuwenden darf (Art. 3 Regl. zur Begr. der TS.). Auch für die Transfersummen sind Maximalansätze geschaffen worden, die je nach Richtung des Transfers unterschiedliche Höchstwerte kennen. Art. 11 des Regl. zur Begr. der TS unterscheidet, ob ein Transfer

a) von NL A zu NL A-Verein (Fr. 200'000.—)

b) von NL A zu NL B-Verein (Fr. 70'000.—)

c) von NL B zu NL A-Verein (Fr. 120'000.—)

d) von NL B zu NL B-Verein (Fr. 40'000.—)

stattgefunden hat. Die Forderung des alten Vereins darf diese Beträge nicht übersteigen. Einigen sich die Parteien (der Spieler sowie der alte und der neue Verein) über den Vertragsinhalt, so erteilt der alte Verein mit rechtsgültiger Unterschrift entweder auf dem Übertrittsgesuch oder durch separate schriftliche Erklärung die bedingungslose Freigabe (Art. 7 und 8 QR). Durch die Freigabe wird der Spielervertrag (Arbeitsvertrag) mit dem alten Verein und dem Spieler als Vertragsparteien aufgelöst, es sei denn, es komme kein neuer Vertrag mit dem übernehmenden Verein zustande. Die Spielberechtigung für den alten Verein erlischt am Tage der Erteilung der Spielberechtigung für den neuen Verein (Art. 10 Abs. 3 QR).

Damit ist eine erste Phase bei der Abwicklung eines Transfers abgeschlossen. Der Spieler und der neue Verein haben das Arbeitsvertragsformular (Spielervertrag) unterzeichnet. Der Spieler hat auch die geforderte Unterstellung unter die Disziplinargewalt der zuständigen Verbands- und Cluborgane sowie die Schiedsgerichtsvereinbarung unterschrieben und den Verzicht erklärt, den ordentlichen Richter anzurufen für die Fälle, in denen eine schiedsgerichtliche Erledigung des Streitfalles vorgesehen ist (Ziff. 14—16 NL-Statut für Nichtamateure). Der Arbeitsvertrag zwischen dem Spieler und dem neuen Verein ist damit zustandegekommen.

Eine verbandsinterne Prüfung des Transfers schliesst sich an. Sie sieht eine Tätigkeit des Kontrollorgans der Nationalliga (Art. 22 bis Statuten der NL, Art. 1 lit. b des Reglements für das Kontrollorgan der NL) sowie des Qualifikationsausschusses (Art. 23 und 24 QR) vor. Der neue Verein überweist die Übertrittsgesuche (zweifache Ausführung) an das Zentralsekretariat des SFV (Art. 4 Abs. 2 QR). Handelt es sich um einen Übertritt eines NL-Spielers gemäss Art. 5 QR in einen andern NL-Verein oder um einen solchen aus einem ausländischen Verband in einen Verein der Nationalliga mit Spielberechtigung bis zur Nationalliga, so stellt das Zentralsekretariat unverzüglich beide Exemplare des Übertrittsgesuches dem Sekretariat der Nationalliga zu (Abs. 3). Der Qualifikationsausschuss, bestehend aus 3 Mitgliedern des NL-Komitees (Art. 23 Abs. 1 QR), prüft das Übertrittsgesuch auf die Zulässigkeit der darin enthaltenen Angaben und auf deren Vollständigkeit. Bewertet er das Übertrittsgesuch als regelkonform, erteilt er dem Spieler die Spielberechtigung für den neuen Verein (Art. 24 Ziff. 1 QR).

Der neue Verein hat in einem Begleitschreiben an das Sekretariat der NL anzugeben, dass der Spieler, dessen *Vertrag* zur Genehmigung eingesandt wurde, keine geldwerten Leistungen des Clubs oder Dritter direkt oder indirekt entgegennimmt, über der der Vertrag nicht Aufschluss gibt (Art. 23 Ziff. 1 Regl. zur Begr. der TS). Diese Erklärung ist vom Präsidenten oder Vizepräsidenten *und* von einem andern zeichnungsberechtigten Mitglied des Clubs zu unterzeichnen (Art. 23 Ziff. 3 lit. b Regl. zur Begr. der TS). Nach erhaltener Qualifikation (Art. 24 Ziff. 1 QR) muss der Verein binnen einer Frist von 10 Tagen, spätestens aber zu Beginn der Saison, dem Sekretariat der Nationalliga zuhanden des Kontrollorgans für jeden getätigten Transfer die *Transfersumme* und *alle übrigen Modalitäten des Transfers* schriftlich und für jeden Spieler einzeln bekanntgeben. Eine ausdrückliche Bestätigung, dass beim vorliegenden Transfer weder direkt noch indirekt andere geldwerte Leistungen erbracht worden sind, muss auch hier der eingereichten Transferbescheinigung beigelegt werden (Art. 25 Regl. zur Begr. der TS). Sie ist sowohl vom Präsidenten oder Vizepräsidenten und einem zeichnungsberechtigten Mitglied der beteiligten Clubs als auch vom Spieler zu unterzeichnen (Art. 25 Regl. zur Begr. der TS).

II. Zweiter Sachverhalt: Eintritt einer Drittperson

Im ersten Sachverhalt sind wir von der Voraussetzung ausgegangen, dass der Spieler nur mit dem alten Verein in einem Vertragsverhältnis steht, sich also keine Drittperson am Transfer beteiligt. Vorausschicken möchten wir, dass die Statuten und Reglemente der NL den folgenden Sachverhalt nicht vorsehen. Es handelt sich dabei um vereinsinterne Regelungen, von der auch nicht alle Vereine Gebrauch machen. Würde sich der Sachverhalt nur vereinsintern auswirken, könnte auf eine Behandlung verzichtet werden. Die Konsequenzen sind aber — vor allem für den Spieler — derart weitreichend, dass die Erörterung dieses Sachverhaltes gerechtfertigt ist.

Bedingt durch die angespannte finanzielle Lage der Nationalliga-Clubs können die Vereine es sich oft nicht leisten, aus den aus dem Spielbetrieb fliessenden Mitteln die Transfersumme zu bezahlen. Sie sind deshalb in vermehrtem Masse auf die Hilfe von Gönnern, den sog. "Supportern" angewiesen. Diese sind es oft, die es einem Verein ermöglichen, teure Transfers zu tätigen. Sie treten als Dritte in den vom Spieler und Verein zu schliessenden Arbeitsvertrag ein. Zwei Möglichkeiten sind üblich: Eine Einzelperson übernimmt allein die Bezahlung der Transfersumme, oder, was häufiger der Fall ist, die Supporter eines Vereins schliessen sich zusammen. Sie können sich als vereinsunabhängige Gruppen konstituieren, oder sie nehmen Organstellung im Verein ein (z.B. als Transferkommission). Der neue Verein, der sich für einen neuen Spieler interessiert, sieht sich als Verhandlungspartner nicht mehr dem alten Verein gegenübergestellt, sondern eben einem Supporter oder einer Personenmehrheit (Transferkommission) des alten Vereins. Die Transferkommission kann Organstellung im Verein haben. Denkbar ist aber auch, dass die Statuten eine derartige Kommission nicht vorsehen. Die Kommission übt ihre Tätigkeit ohne Rechtsbeziehung zum Verein aus. Sie bestimmt, in der Praxis natürlich nach Rücksprache mit der Vereinsleitung und dem Trainer, welche Spieler vom Verein übernommen werden. Haben Einzelpersonen die Transfersumme entrichtet, so entsteht für den Club oft die unangenehme Situation, dass er sich dem Willen des Supporters beugen muss, wenn dieser beabsichtigt, "seinen" Spieler zu transferieren. Dies führt zu jenen Situationen, wie sie beispielsweise beim SC Brühl St. Gallen am Ende der Saison 1971/ 1972 zu beobachten waren, als die Vereinsleitung zu einigen Transfers die Zustimmung geben musste, obwohl dadurch eine empfindliche Schwächung der Mannschaft vorauszusehen war (6).

Zwar muss man annehmen, Art. 6 und Art. 7 QR könnten den Transfer verhindern, ist doch dort die Rede von der Freigabe durch den alten Verein. Aus dem Wortlaut dieser Bestimmung müsste man schliessen, dass *nur* der alte Verein (oder das im Verein für Transferfragen zuständige Organ) eine Freigabe erteilen kann. Der Supporter kann sich aber absichern, damit der alte Verein den beabsichtigten Transfer "seines" Spielers nicht verhindert. Art. 8 QR schreibt nämlich vor, dass als rechtsgültige Unterschrift bei Freigaben nur solche anerkannt werden, die auf der Unterschriftenkarte beim Sekretariat der Nationalliga deponiert sind, auch wenn die Zeichnungsberechtigung der statutarischen Regelung des betreffenden Vereins nicht entspricht. Der Supporter versucht sich dadurch zu sichern, dass er *seine* Unterschrift deponiert. So kann er zwar die Freigabe des Spielers veranlassen, doch wird er nicht verhindern können, dass auch die andern auf der Unterschriftenkarte aufgeführten Personen die Freigabe für denselben Spieler erteilen können. Eine Vereinbarung mit der NL, dass nur der Supporter über "seinen" Spieler verfügen darf, gibt es nicht. Nicht ausgeschlossen sind natürlich Abmachungen des Vereins mit seinen Gönnern. Sie sind aber gegenüber der NL ohne jede Wirkung. Besteht der Supporter darauf,

---

6 Aus dem Präsidentenbericht an die Hauptversammlung vom 16. Februar 1973, zusammenfassend in den Clubmitteilungen des SC Brühl SG, Heft Nr. 1, April 1973.

"seinen" Spieler zu transferieren, wird sich der Verein wohl oder übel fügen. Welcher Verein kann es sich bei der heutigen schlechten finanziellen Lage leisten, sich mit den Geldgebern zu überwerfen? Oft ist nicht die Absicht des Vereins massgebend, welche Spieler er für seine Mannschaft braucht, welche für ihn wertvoll wären, sondern "dritte" Kräfte, die möglicherweise eigene Gewinnabsichten in den Vordergrund stellen.

Hat nun gemäss vereinsinterner Abmachung (7) der Verein (eventuell der Supporter) die Freigabe erklärt (Art. 6, 7 und 8 QR), kann der Arbeitsvertrag zwischen dem Spieler und dem neuen Verein in der vorne (S. 5 ff.) geschilderten Art und Weise zustande kommen. Vertragspartner sind auch hier der Spieler sowie der neue Verein. Der Dritte spielt insofern eine Rolle, als er die Transfersumme festsetzt, die die Höchstwerte von Art. 11 und 12 (Regl. betr. die Begr. der TS) nicht übersteigen dürfen.

Ist es dem Dritten allenfalls gestattet, den Spieler beim alten Verein nicht mehr spielen zu lassen, falls der alte Verein den Transfer nicht billigt? Das NL-Komitee verneint (8) dies m.E. zu Recht, steht doch der Spieler mit dem Verein und nicht mit dem Supporter in einem Arbeitsverhältnis. Der übernehmende Verein entrichtet hier die Transfersumme nicht zugunsten des alten Vereins wie im ersten Sachverhalt, sondern der Dritte wird die Summe für sich beanspruchen, weil er es war, der die Summe beim "Ankauf" des Spielers bezahlt hat. Die nachfolgende Prüfung des zustandegekommenen Übertrittsgesuches und die Erteilung der Spielberechtigung erfolgen gemäss Art. 23 und 24 QR durch den Qualifikationsausschuss (vgl. vorne S. 6 f.).

III. Dritter Sachverhalt: Der alte Verein erteilt keine Freigabe: Sperre für den Spieler

Sowohl im ersten wie auch im zweiten Sachverhalt kommt der Übertritt zustande. Die Freigabe des *alten Vereins* (Art. 6 QR), wie im ersten Sachverhalt erwähnt, oder die *Freigabe durch eine Drittperson* (9), die durch vereinsinterne Abmachung mit rechtsgültiger Unterschrift erreicht werden kann (Art. 8 QR, zweiter Sachverhalt), wurde jeweils vorausgesetzt. Verweigert aber der alte Verein die Freigabe, so bedeutet das für den Spieler, dass er nicht zum neuen Verein übertreten kann. Die Gründe, die den alten Verein bewegen, keine Freigabe zu erteilen, können mannigfacher Art sein: Befürchtet der alte Verein, der Transfer habe eine unliebsame Verstärkung des schärfsten Rivalen oder des Stadtrivalen zur Folge (10)? Da eine Fussballmannschaft

---

7 Es ist die Regel, dass der Verein mit seinen Geldgebern einen Vertrag schliesst, der die Beziehung des Supporters zum Verein zum Gegenstand hat.

8 Gespräch mit dem Geschäftsführer der Nationalliga Albin Kümin.

9 Mit den erwähnten Einschränkungen vgl. S. 7.

10 Als Beispiel sei der beabsichtigte Transfer von Köbi Kuhn vom FC Zürich zum Grasshopper-Club erwähnt. (Vgl. dazu die Berichterstattung in der Sportzeitung "Sport" vom 30. Juli 1969, Nr. 87, S. 18; 8. August.1969, Nr. 91, S. 20 und 12. September 1969, Nr. 106, S. 19.)

ihre Erfolge vorwiegend der Homogenität der Mannschaft verdankt, kann der Abgang nur eines Spitzenspielers eine bis dahin überdurchschnittliche Mannschaft zur Mittelmässigkeit absinken lassen. Der dritte und vielleicht häufigste Grund für das Scheitern eines Transfers dürfte wohl die Höhe der zu zahlenden Transfersumme sein. Art. 11 des Regl. zur Begr. der TS setzt die Maxima fest. Bleiben die Vereine mit ihren Forderungen auch innerhalb der vom Reglement festgesetzten Limiten (11), so stellt dies für den erwerbenden Verein noch immer eine enorme finanzielle Belastung dar, die zu tragen heute nur ganz wenige Clubs in der Lage sind. Eine Möglichkeit, einen Transfer zu verhindern und den Spieler weiterhin an den Verein zu binden, besteht darin, die jeweilige Höchstsumme für einen Übertritt zum neuen Verein zu fordern. Der Abschluss scheitert hier an der übersetzten Forderung des alten Vereins, die meist nicht dem wahren Wert des Spielers entspricht und nur den Zweck verfolgt, potentielle "Käufer" abzuhalten.

Nachteilig sind die Folgen eines solchen Verhaltens für den Spieler, der einen Vereinswechsel vollziehen möchte. Gemäss Art. 53 WR des Fussballverbandes erlischt die Spielberechtigung bei Übertritten mit oder ohne Freigabe am 7. Tag nach Einreichung eines gültigen Übertrittsgesuches. Hat der Spieler den Arbeitsvertrag (Spielervertrag) mit dem neuen Verein unterzeichnet und weigern sich der alte Verein oder seine Supporter, die Freigabeerklärung abzugeben, erlischt seine Spielberechtigung gemäss Wettspielreglement (12). Beharrt der Spieler trotz der Weigerung seines Vereins auf dem Vereinswechsel, so bleibt ihm nichts anderes übrig, als zu warten, bis er zu einem späteren Zeitpunkt doch noch freigegeben oder auf Grund des Qualifikationsreglements nach zwei Jahren zum "freien" Spieler erklärt wird. (Art. 3 QR).

Lit. a und b des Art. 3 QR untersagen dem Spieler jede fussballerische Tätigkeit in der Nationalliga, der Amateurliga und in einem ausländischen Verband. Eine dreijährige Sperrzeit, wie diese Wartezeit treffender genannt wird, erwartet den Spieler, wenn er auf dem mit dem neuen Verein geschlossenen Arbeitsvertrag beharrt (13). Ist die zwei- oder dreijährige Sperre abgelaufen, kann der Spieler sofort die Spielberechtigung in der Nationalliga erwerben (Art. 3 QR) und zwar bei dem ihm genehmen Verein. Er ist nicht mehr gebunden an seinen alten Verein, steht in keinem Arbeitsvertragsverhältnis mehr und wird so behandelt, wie wenn er noch nie einen Spielervertrag geschlossen hätte. Er gilt als "freier" Spieler, der die Wahl hat, seinen neuen Arbeitsort ohne Rücksicht auf die Interessen eines Vereins zu bestimmen. Lösen der übernehmende Verein und der Spieler den bereits geschlossenen Arbeitsver-

---

11 Vgl. vorne S. 5.
12 Art. 53 Wettspielreglement (WR)
13 Das Statut für NA-Spieler sieht in Ziff. 7 eine dreijährige Sperre für den Fall vor, dass der Spieler mit einem Verein, für den er nicht spielberechtigt ist, eine Vereinbarung oder einen Vorvertrag abschliesst. Dieselbe Sperre trifft jenen Spieler, der im Falle eines Übertritts eine Vereinbarung geschlossen hat, bevor der alte Verein schriftlich sein Einverständnis mit dem Übertritt erklärt hat.

trag im gegenseitigen Einvernehmen wieder auf, kann der Spieler die Spielberechtigung für den alten Verein wieder erlangen und eine Sperre wird hinfällig, weil nach
Art. 10 Abs. 3 QR die Spielberechtigung für den alten Verein erst am Tage der Erteilung der Spielberechtigung für den neuen Verein erlischt.

Zwei Aspekte seien in diesem Zusammenhang noch erwähnt. Es scheint uns undenkbar, dass ein Nationalliga-Spieler eine Zeitspanne von 2 oder 3 Jahren ohne wesentliche Einbusse an fussballerischem Können zu überstehen vermag, selbst dann,
wenn er in dieser Zeit sein Training sehr intensiv betreibt. Dazu kommt die fehlende
Motivation für ein scharfes Training, kann er sich doch nie auf einen Ernstkampf vor-
bereiten. Der zweite Aspekt ist nicht sportlicher, sondern finanzieller Natur. Für die
meisten Spieler der Nationalliga bedeuten die Vermögensleistungen des Clubs einen
festen Lohnbestandteil. Je nach der Grösse dieser Einkünfte kann man von einer
Haupteinnahmequelle oder von einer Nebeneinnahme sprechen. Ziff. 2 NA-Statut
schreibt zwar vor, dass die Spieler einen Beruf auszuüben haben, welcher ihnen das
Existenzminimum sichert, doch ist ein Berufsspieler (14) pro NL-Verein zugelassen,
für den dann die Vermögensleistungen des jeweiligen Clubs die gesamte Einkommens-
quelle bilden. Fussballsportlehrer ist die Berufsbezeichnung.

IV. Vierter Sachverhalt: Der Spieleragent (Art. 69 WR) (15)

Eine weit verbreitete, aber nicht sehr geschätzte Figur ist der Spieleragent. Das Wettspielreglement verbietet in Art. 69 ausdrücklich den Beizug von Agenten oder Vermittlern bei Übertritten. Das Verbot richtet sich an die Vereine und die Spieler. Wie
kann der Agent bei einem Transfer tätig werden? Ein Spieler, der beabsichtigt, seinen alten Verein zu verlassen, kann sich an einen Agenten wenden, von dem er weiss,
dass er gute Beziehungen zu andern Clubs unterhält. Der Spieler verspricht sich einen
Transfer, der ihm einen möglichst hohen Anteil an der Transfersumme sichern soll.
Auch der umgekehrte Fall, in dem Agenten an Spieler herantreten und sie mit hohen
Ablösesummen zu ködern versuchen, ist in der Praxis nicht selten. Der Agent versucht nun, für den Spieler einen neuen Verein zu finden. Ziel seiner Tätigkeit ist es,
einen Vertragsabschluss (Arbeitsvertrag) zwischen dem Spieler und dem neuen Verein herbeizuführen. Dass Interessenkonflikte entstehen können, liegt offen zutage.
Wendet sich gleichzeitig ein Verein an den Agenten, so wird er für den Spieler *und*
den Verein gleichzeitig tätig (16). Die Tätigkeit eines Agenten will gut bezahlt wer-

---

14 Nämlich der hauptamtliche Spielertrainer (Art. 44 Ziff. 3 WR in der Neufassung vom 15.
August 1973).

15 Art. 60 WR in der Neufassung vom 15. August 1973.

16 Der Begriff Spieler*agent* ist juristisch nicht zutreffend. Seine Tätigkeit ist die eines Mäklers
(Art. 412 ff. OR). Für ihn gelten im allgemeinen die Vorschriften über den einfachen Auf-
trag (Art. 412 Abs. 2 OR). Hier sei darauf hingewiesen, dass es dem Mäkler nicht verboten
ist, für beide Parteien tätig zu sein und sich von beiden Lohn versprechen zu lassen (BGE 35
II 63). Je nach den Umständen kann aber im Einzelfall ein Verstoss gegen Treu und Glauben
vorliegen (Guhl/Merz/Kummer, OR S. 447).

den. Der Spieler verliert beim Abschluss des Vertrages mit dem neuen Verein einen Teil des im Anhang zum Spielervertrag (ausserordentliche Vermögensleistungen: lit. a) zugesicherten Transfersummenanteils (17). Von diesem Anteil hat der Spieler dem Agenten die Provision zu entrichten. Hätte er auf die Dienste eines Spieleragenten verzichtet, wäre der Transfer in finanzieller Hinsicht lohnender gewesen. Die Agententätigkeit wird dem Spieler in den meisten Fällen nur Nachteile bringen, denn diese Tätigkeit ist zu sehr dem Provisionsdenken verhaftet.

Weiterreichende Folgen hat jener Sachverhalt, der nicht die blosse Vermittlung zwischen Spieler und übernehmendem Verein vorsieht. Der Agent kann versuchen, die Verfügungsmacht über den Spieler zu erlangen, indem er dem alten Verein die Transfersumme bezahlt und dadurch eine Freigabe erwirkt. Art. 7 QR verbietet zwar eine Freigabe blanko zu erteilen und sieht vor, dass die Erklärung zurückgewiesen wird, wenn festgestellt wird, dass auf einer Blanko-Freigabeerklärung nachträglich der Name des gesuchstellenden Vereins eingesetzt worden ist. In der Praxis allerdings wird es sehr schwer sein, solche Vorkommnisse aufzudecken. Der Agent wird nun bestrebt sein, einen Vertragsabschluss zwischen seinem Spieler und dem neuen Verein zu vermitteln. Hier ist der Agent der Fordernde: Er setzt die Höhe der Transfersumme fest (im Rahmen der in Art. 11 des Regl. zur Begr. der TS festgelegten Massstäbe). Seine Forderung muss nicht identisch sein mit der für die Freigabe bezahlten Summe. Zusätzlich wird er die branchenübliche Provision für die Vermittlung des Arbeitsvertrages fordern. Der Spieler befindet sich in voller Abhängigkeit vom Agenten. Von der Forderung gegen den neuen Verein wird es abhängen, ob der Transfer und damit ein neuer Arbeitsvertrag zwischen dem Spieler und dem übernehmenden Verein zustande kommt. Vermag der Agent die Vertragspartner zusammenzuführen, vollzieht sich der weitere Ablauf des Transfergeschäftes wie im ersten Sachverhalt.

An dieser Stelle ist zu erwähnen, dass auch der Spieler selbst versuchen könnte, sich durch Bezahlung der Transfersumme "freizukaufen". Die Reglemente sehen diesen Fall bis heute nicht vor. Nach Auskunft des Geschäftsführers der NL wird das Problem zurzeit diskutiert und eine Reglementierung ist für die nahe Zukunft zu erwarten.

V.   Fünfter Sachverhalt:Der befristete Übertritt

Eine Alternative zu den definitiven Clubwechseln bilden die sogenannten befristeten Übertritte mit Vereinbarung (Art. 12 QR). Zwei Vereine der Nationalliga können eine Vereinbarung treffen, wonach ein Spieler für höchstens zwei Jahre einem andern Verein ausgeliehen wird (Art. 12 Abs. 1 QR). Der Spieler wird nicht definitiv

---

17 Sofern der Spielervertrag mit dem übernehmenden Club auf eine Dauer von mindestens zwei Saisons abgeschlossen wird (Art. 4 Ziff. 1 Regl. zur Begr. der TS).

zum neuen Verein transferiert, sondern er soll nach einer bestimmten Zeitspanne, die in der Vereinbarung festgehalten werden muss, zum alten Verein zurückkehren (Art. 12 Abs. 3 QR). Der Spieler schliesst mit dem neuen Verein einen befristeten Arbeitsvertrag, während der Vertrag mit seinem alten Verein in der Regel aufgehoben wird. In seltenen Fällen wird der Vertrag sistiert und tritt wieder in Kraft, wenn der Spieler zurückkehrt.

Das Verfahren, das die Parteien (beide Vereine und der Spieler) zu beachten haben, ist folgendes: Die Vereinbarung ist während einer Übertrittsperiode (Art. 9 QR) zusammen mit dem Übertrittsgesuch dem Sekretariat der Nationalliga einzureichen und bedarf zu ihrer Gültigkeit der anerkannten Unterschriften der beiden Vereine sowie des Spielers (Abs. 2). Die Rückkehr des Spielers zum alten Verein darf gemäss Reglement für die Qualifikation der Nationalliga-Spieler nicht in der Zeit vom 1. März–30. Juni erfolgen. Auch wenn aus der Vereinbarung der Zeitpunkt der Rückkehr klar hervorgehen muss, so lässt doch das Reglement eine vorzeitige Rückkehr bei Einwilligung aller drei beteiligten Parteien zu (Abs. 4). Sie ist dem Sekretariat der Nationalliga mit eingeschriebenem Brief mitzuteilen. Die gleiche Mitteilungspflicht obliegt dem alten Verein, wenn der Spieler im Rahmen der Vereinbarung zurückkehrt. Nun prüft der Qualifikationsausschuss, ob die Parteien gemäss Vereinbarung gehandelt haben und erteilt dem Spieler die Spielberechtigung für den alten Verein unter Mitteilung an die Spielerkontrolle des SFV (Abs. 5). Kehrt aber der Spieler nach Ablauf der befristeten Vereinbarung nicht zum alten Verein zurück, so bieten sich ihm zwei Möglichkeiten. Die Vereinbarung zwischen dem alten Verein und dem neuen Verein kann verlängert werden bis die Maximaldauer von zwei Jahren erreicht ist, oder der Spieler kann definitiv dem neuen Verein überlassen werden. In beiden Fällen ist ein neues Übertrittsgesuch einzureichen. Handelt es sich um eine Verlängerung des bestehenden Zustandes (leihweise Überlassung) sind die oben aufgezeigten Vorschriften zu beachten. Wird die abgelaufene befristete Vereinbarung durch einen definitiven Übertritt zum neuen Verein ersetzt, so kommt für das Vorgehen einer der vier besprochenen Sachverhalte in Frage.

2. TEIL

Rechtliche Erörterungen

A.   Die rechtliche Struktur des Fussballverbandes

I.   *Das Verhältnis von Verband und Sektionen*

Es ist juristischen Personen gestattet, sich zur Verfolgung von Sonderzwecken oder zur allgemeinen Verfolgung des gleichen Zweckes dauernd oder vorübergehend zusammenzuschliessen zu einer einfachen Gesellschaft oder zu einer Vereinigung mit juristischer Persönlichkeit (1). Die Bildung kann so erfolgen, dass nur die Vereine Mitglieder des Verbandes werden oder zugleich auch die einzelnen Vereinsmitglieder oder nur diese (2). Die Mitgliedschaft bei einem Verband kann auf zwei Arten begründet werden: Entweder tritt ein Verein in einen Verband ein oder eine einzelne Person in eine Sektion des Verbandes (3). Die Gründung eines Verbandes spielt sich in den Grundzügen gleich ab wie die Gründung eines gewöhnlichen Vereins, nur dass eben bei der Verbandsgründung die Vertretungsorgane des Vereins an der Gründungsversammlung teilnehmen (4). Doch sagt der Ausdruck "Verband" nichts aus über die Rechtsform einer Vereinigung (5). Aus den Statuten lässt sich die Rechtsform bestimmen. Es gibt eine grosse Anzahl von Organisationen in unserem Land, die unter der Bezeichnung "Verband" die Interessenwahrung ihrer Mitglieder zum Ziele haben (6). Mit der unterschiedlichen Art des Erwerbs der Mitgliedschaft sind zwei verschiedene Typen von Verbänden auseinanderzuhalten (7). Der Unterschied ist in der Organisation zu finden. "Die einen Verbände sind so organisiert, dass nur deren Sektionen Mitglieder sind, nicht etwa auch die Sektionsmitglieder, die andere Verbandsgruppe charakterisiert sich dadurch, dass nur die in den Sektionen zusammengefassten Einzelmitglieder Verbandsmitglieder sind, nicht etwa auch die Sektionen selbst." (8) Die Ansicht, es handle sich hier um die beiden einzig möglichen Typen, ist nicht unbestritten (9). Eine Mischform hält Seiler in ganz engen Grenzen für möglich (10).

1, 2 Egger A., Kommentar N. 19 zu Art. 60 ZGB.
3 Halter F., Verbände und Sektionen in ihrem gegenseitigen Verhältnis nach schweiz. Recht, Diss. BE 1946, S. 68.
4 Halter F., a.a.O.
5 Lampert/Widmer, S. 20.
6 Lampert/Widmer, S. 20.
7 Seiler K., Die Verbände nach schweiz. Vereins- und Genossenschaftsrecht, Diss. ZH 1937, S. 46.
8 Seiler K., a.a.O., S. 46.
9 Seiler K., a.a.O., S. 47.
10 Seiler K., a.a.O., S. 112.

Nachdem dargelegt wurde, auf welche Art sich die Verbände zu organisieren in
der Lage sind, muss eine Scheidung in Sektionen mit eigener juristischer Persönlichkeit und solche *ohne* juristische Persönlichkeit das Verhältnis Verband — Sektionen
näher bestimmen. Ausgangspunkt sind wieder die zwei Grundformen für verband-
artige Zusammenschlüsse. Egger (11) unterscheidet den föderalistischen vom zentralistischen Zusammenschluss. Föderalistisch nennt er jenen Zusammenschluss, in welchem die Sektionen selber Vereine sind. Die Einzelmitglieder sind Mitglieder dieser
Vereine. Diese Vereine schliessen sich zusammen im Landesverband. Der Zentral-
verein ist zusammengesetzt aus diesen Vereinen. Den Sektionen kommt die Mitgliedschaft im Verbande zu, die Einzelmitglieder aber treten ein oder aus bei ihren Sektionen. Die Einwirkung des Verbandes auf die Mitglieder, also die Vereine, kann verschieden stark sein. Über die Art und das Mass der Einwirkung müssen die Sektionsstatuten Auskunft geben, "schon um der Wahrung der Interessen ihrer Mitglieder
willen" (12). Der föderalistisch strukturierte Verband kennt als charakteristisches
Organ die Delegiertenversammlung, gebildet aus Delegierten der Vereine (13). Ist
der Verband zentralistisch organisiert, so gibt es nur einen Verein für das ganze Land
oder den betreffenden Beruf (14). Auch dieser Verein bedarf oft der Gliederung; sie
geschieht, wie im föderalistisch organisierten Verband, durch die Bildung von Sektionen (15). Kommt beim föderalistisch organisierten Verband die juristische Persönlichkeit den Vereinen zu, so kommt sie den Sektionen im zentralistisch strukturierten Verband nicht zu. (16) Die Sektionen sind nicht selber Vereine nach Art. 60 ff.
ZGB, sie sind Organe des einen Vereins. Die Einzelmitglieder sind Mitglieder des
Zentralvereins oder richtiger, des einen Vereins. (17) Die Sektionen im Verband werden folgerichtig "von oben herab" durch den Verband eingeführt (18). Umgekehrt
läuft die Entwicklung bei der föderalistischen Struktur des Verbandes. Meist sind
zuerst die Vereine da, die sich dann in einem Dachverband organisieren. Welche Kriterien sind richtungsweisend für eine sichere und einfache Einordnung der zwei dargestellten Typen? Die Verbands- bzw. Sektionsstatuten stellen ein Mittel für die
Unterscheidung dar, doch sie führen nicht in jedem Fall zu einem Ergebnis (19). Ein
besseres Merkmal bildet beispielsweise der Eintrittsadressat (20). Wem muss der Einzelne seine Eintrittserklärung abgeben? Der Sektion oder dem Verband oder beiden
(21)? Nimmt der Verband die physische Person selber auf, so ist seine Struktur
zentralistisch (22). Dies ist der einzig gültige Schluss, der sich aus dieser Aussage ziehen lässt. Der Umkehrschluss, es handle sich um einen föderalistisch organisierten
Verband, wenn die Sektion die physische Person aufnehme, gilt nicht ohne weiteres.
Wie der Eintritt, so ist auch der Austritt ein Merkmal, das man zurate ziehen könnte (23). "Grundsätzlich hat eine Personenverbindung nur dann ein Ausschlussrecht,
wenn es sich um ein wirkliches Mitglied handelt." (24) Gewisse föderalistisch organi-

---

11–15 Egger A., in Schriften, S. 21.
16–18 Egger A., in Schriften, S. 22.
19–22 Seiler K., a.a.O., S. 49.
23, 24 Seiler K., a.a.O., S. 49.

sierte Verbände behalten sich aber das Recht vor, die Mitglieder der Sektionen direkt auszuschliessen, statt korrekterweise auf dem Umweg über die Sektionen (25). Sucht man nach weiteren Unterscheidungsmerkmalen, so stossen wir bei Seilen (26) auf das "juristische Wesen" der Sektion: "Wir wissen, dass in Verbänden mit föderalistischer Struktur nur die Sektionen Mitglieder sind, sie müssen demnach Persönlichkeit haben. Andererseits bilden die Sektionen der zentralistisch strukturierten Verbände lediglich eine Art Organ, eine Art Verwaltungskreis. Sie brauchen dazu selbstverständlich keine Persönlichkeit."

Nachteil der vorne aufgezählten Merkmale ist es, dass sich keines als sicheres Unterscheidungsmerkmal eignet. Jedoch ermöglicht der Rechtsvorgang, der sich bei Auflösung der Sektion oder beim Austritt der Sektion aus dem Verband abspielt, eine Scheidung der beiden Verbandstypen (27). Verliert das Sektionsmitglied durch den Austritt oder die Auflösung jede Beziehung zum Verband, liegt ein föderalistisch strukturierter Verband vor, ist der Austritt der Sektion überhaupt nicht möglich, da sie nicht Mitglied des Verbandes ist, ist die Struktur des Verbandes zentralistisch (28). Diese Unterscheidung erlaubt es, die innere Struktur der Sektionen zu charakterisieren, ihre Abweichungen festzuhalten. Der föderalistische Verbandstyp kennt als Mitglieder Vereine oder Genossenschaften (29). Die Mitglieder dieser Vereine und Genossenschaften sind nicht Verbandmitglieder, denn die Sektionen nehmen kraft ihrer Persönlichkeit am Verbandsleben teil (30). "Sie üben Mitgliedschaftsrechte aus, sie unterwerfen sich den Verbandsstatuten und übernehmen körperschaftliche Verpflichtungen." (31). Ausserhalb der Verbandsorganisation stehen die Sektionsmitglieder, dem Verband treten sie als fremde Rechtsubjekte gegenüber (32). Den Gegensatz bilden die zentralistischen Verbände, deren Mitglieder nicht die Sektionen sind, sondern die in den Sektionen zusammengefassten Personen (33).

Dreifach kann das "Wesen der Sektion" sein (34):

— Erfüllen die Sektionen die vom Gesetz aufgestellten Minimalerfordernisse zur Erlangung der Persönlichkeit, sind sie Vereine oder Genossenschaften.
— Kommt ihnen die Persönlichkeit nicht zu, werden sie als einfache Gesellschaften behandelt.
— Den Sektionen kommt Organfunktion im Verband, dem sie eingegliedert sind, zu.

Das gegenseitige Verhältnis von Verband und Sektionen äussert sich im weitern in der Verbandsaufsicht über die Sektionen (35). Die Verbandsaufsicht soll jedoch nicht weiter gehen, als es der Verbandszweck erfordert (36). "In jedem Aufsichtsrecht

---

25 Seiler K., a.a.O., S. 50.
26 Seiler K., a.a.O., S. 51.
27, 28 Seiler K., a.a.O., S. 51.
29—32 Seiler K., a.a.O., S. 62.
33 Seiler K., a.a.O., S. 86.
34 Seiler K., a.a.O., S. 90.
35 Seiler K., a.a.O., S. 90.
36 Halter F., a.a.O., S. 75.

steck auch das Recht, den verbandswidrigen Zustand auf irgendeine Art zu beseitigen." (37) Halter (38) nennt als Mitwirkungsrechte etwa die Aufsicht über die Verwaltung der Sektionen, das Auskunftsrecht und die Mitwirkung des Verbandes bei Aufnahme und Ausschluss von Sektionsmitgliedern. Ergänzend zu den Aufsichtsrechten tritt die Befugnis des Verbandes, sich gewisser indirekter Zwangsmittel zu bedienen. Geldstrafen (Konventionalstrafen) sind zulässig, ebenso ist der Entzug gewisser Rechte der Sektion denkbar (39).

II. Das Rechtsverhältnis zwischen SFV, NL und ihren Mitgliedern, den Vereinen

Der Schweizerische Fussballverband (SFV) ist ein Verein im Sinne des Art. 60 ff. ZGB (Art. 1 SFV-Statuten). Der SFV organisiert, fördert und beaufsichtigt den schweizerischen Fussballsport und setzt sich für die körperliche Ertüchtigung der Jugend ein (Art. 2 Abs. 1 SFV-Statuten). Der Verband seinerseits ist Mitglied des SLL (40), des SOC (41), der FIFA (42) und der UEFA (43). Mitglieder des SFV sind die aufgenommenen Vereine, die den Fussballsport betreiben und ihren Sitz in der Schweiz haben (Art. 8 Abs. 1 SFV-Statuten). Der schweizerische Fussballerverband gliedert sich in drei Abteilungen:

a) Nationalliga (NL)
b) 1. Liga
c) ZUS (Zusammenschluss der unteren Serien)

(Art. 15 Abs. 1 SFV-Statuten).

Die Abteilungen besitzen eigene Rechtspersönlichkeit und eigene, von ihnen selbst eingesetzte Organe (Art. 16 Abs. 1 SFV-Statuten). Im Rahmen der Statuten des SFV und des Wettspielreglementes (WR) sind sie in der Organisation ihres Spielbetriebes und in der Regelung der Spielerübertritte innerhalb ihrer Abteilungen frei (Abs. 2). Im Vordergrund dieser Betrachtung soll aber das Rechtsverhältnis des SFV zur NL und ihren Mitgliedern stehen.

Dass die NL eine Abteilung des SFV darstellt, wurde bereits einleitend erwähnt. Sie ist ein Verein im Sinne der Art. 60 ff. ZGB und besitzt eigene Rechtspersönlichkeit (Art. 1 und 2 NL-Statuten). Ihr Zweck ist dreifacher Art

---

37 Halter F., a.a.O., S. 75.
38 Halter F., a.a.O., S. 77 ff.
39 Halter F., a.a.O., S. 81.
40 SLL = Schweizerischer Landes-Verband für Leibesübungen.
41 SOC = Schweizerisches Olympisches Komitee.
42 FIFA = Fédération internationale de football-associations.
43 UEFA = Union des associations européennes de football.

(Art. 1 und 2 NL-Statuten):

a) Sie organisiert den Meisterschaftsbetrieb der ihr angehörenden Mannschaften.
b) Sie regelt die Übertritte innerhalb der NL.
c) Sie wahrt und fördert die gemeinsamen Interessen der ihr angehörenden Vereine und sucht die Qualität des schweizerischen Fussballsportes allgemein zu heben.

Mitglieder der NL sind die 28 Nationalligavereine. Hievon gehören 14 der Spielgruppe A und 14 der Spielgruppe B an (Art. 6 NL-Statuten). Organe der NL sind die Generalversammlung, das Komitee, die Präsidentenkonferenz, das Kontrollorgan (KO) und das Rekursgericht (RG). Das Bundesgericht (44) hat die Ansicht vertreten, die NL sei ein Sportverband und kein Wirtschaftsverband. Eine Begründung für die vertretene Meinung gibt das Urteil allerdings nicht. Die Mitglieder der NL, die Vereine, sind juristische Personen. Es handelt sich also um einen Verbandstyp wie in der Bundesrepublik Deutschland (45), in dem nur juristische Personen (Vereine im Sinne von Art. 60 ff. ZGB) zusammengeschlossen sind. Eine Mitgliedschaft natürlicher Personen kennt die NL nicht.

Versuchen wir nun die NL als Sportverband in einen der vorne (46) dargestellten Verbandstypen einzuordnen. Wenn wir der Zweiteilung bei Seiler (47) folgen, so gehört die NL zu der Art von Verbänden, die nur Sektionen als Mitglieder kennen, nicht aber die Sektionsmitglieder. Die 28 NL-Vereine sind Sektionen, die einzelnen Spieler begründen ihre Mitgliedschaft in den Vereinen. Dies ist der Regelfall. Nicht alle Spieler sind jedoch Mitglied des Vereins, für den sie spielen. Den Nationalliga-Vereinen kommt juristische Persönlichkeit zu. Dadurch ist eine zentralistische Struktur des Verbandes ausgeschlossen. Die Mitglieder dieses Verbandes sind selber Vereine gemäss Art. 60 ff. ZGB. Lässt sich daraus der Umkehrschluss ziehen, die NL sei ein föderalistisch strukturierter Verband mit Mitgliedern, die eigene juristische Persönlichkeit haben? Das Merkmal des Eintrittes deutet in diese Richtung. Der Spieler tritt bei einem NL-Verein ein. Der Verband (NL) nimmt die Spieler nicht als Mitglieder auf. Wenden wir das "sicherste" Unterscheidungsmerkmal, den Rechtsvorgang (48), der sich bei Auflösung bzw. beim Austritt der Sektion aus dem Verband abspielt, auf die Struktur der NL an, dann ergibt sich der gleiche Schluss. Steigt ein Verein der NL-B in die 1. Liga ab, so verliert er die Mitgliedschaft in der Nationalliga, d.h. er ist nicht mehr Mitglied des NL-Sportverbandes. Läge ein zentralistisch strukturierter Verband vor, wäre ein Austritt der Vereine nicht möglich, da sie nicht Mitglied des Verbandes wären (49).

---

44 BGE 97 I 490 i.S. Associazione Calcio Bellinzona gegen das Komitee der NL des SFV und Appellationshof des Kantons Bern.
45 Westermann H.P., Verbandsstrafgewalt, S. 26.
46 Verhältnis von Verband und Sektionen S. 18.
47 Seiler K., a.a.O., S. 49 ff.
48 Seiler K., a.a.O., S. 51.
49 Seiler K., a.a.O., S. 51.

Typisches Merkmal des föderalistischen Verbandes ist die Mitgliedschaft von Vereinen und Genossenschaften (50).

Als Verband obliegen der NL gewisse Aufsichtsrechte (51). Den Clubs der NL sind bestimmte Obliegenheiten auferlegt. So bei der Abwicklung eines Transfers die Auskunftspflicht (Art. 19 Regl. zur Begr. der TS) und die notwendige Mitwirkung der NL bei der Auf- oder Übernahme eines Spielers oder beim Ausschluss eines Spielers vom Spielbetrieb. Voraussetzung für die Teilnahme eines Spielers an den Wettspielen ist die Spielberechtigung, die durch die NL erteilt wird (Art. 1 QR). Ebenso hat die NL das Recht, Geldstrafen auszufällen (Art. 30 und Art. 33 NL-Statuten sowie Richtlinien für Straffälle).

In diesem Abschnitt wollten wir versuchen, die Struktur des SFV und der NL und ihr Verhältnis zu den Vereinen zu erhellen. Die Erörterungen unter dieser Ziffer müssen in enge Beziehung zu den in Ziff. I (vorne S. 13 ff.) gemachten Ausführungen gesetzt werden. Sie erlauben es, den SFV als föderalistisch strukturierten Verband zu charakterisieren. Damit ist aber über das Verhältnis der NL zu den Spielern noch nichts ausgesagt. Die Spieler sind in der Regel Aktivmitglieder der Clubs. Die Vereine ihrerseits sind Mitglieder der Nationalliga, die selbst ein Verein im Sinne des Art. 60 ff. ZGB ist. Da die NL als Mitglieder nur die Vereine nennt (Art. 6 NL-Statuten), ist die Bindung des Spielers an die Verbandsordnungen und die Reglemente der NL vorerst einmal nicht vereinsrechtlicher Natur. Im Gegensatz zur Regelung des Deutschen Fussballbundes (DFB), nach der der einzelne Sportler nicht Mitglied seines Vereins sein kann (52) (wegen der Rücksichtnahme auf die steuerliche Anerkennung der Gemeinnützigkeit des Vereins (53)), ist der Spieler in der NL meist Aktivmitglied des Vereins. Zusätzlich tritt der Spieler durch den Spielervertrag in Rechtsbeziehung zum Verein (54). Darin sichert sich der Verein das fussballerische Können, und der Spieler lässt sich dafür geldwerte Leistungen versprechen. Die NL behält sich eine genaue Prüfung dieses Vertrages vor (Art. 19, 20, 22, 23–25 Regl. zur Begr. der TS). Teilnahmeberechtigt am Spielbetrieb der NL ist der Spieler aber erst, wenn er die Spielberechtigung für die NL besitzt (Art. 1 QR), das heisst, der Verein muss eine Lizenz (Art. 2 QR und Ziff. 1 NA-Statut) für Nichtamateurspieler lösen oder ihn als Kontingentspieler melden. Die Lizenz- und Vertragsspieler sind Arbeitnehmer der Vereine und nicht des Verbandes (NL) (55). Dem Spieler nützt es also nichts, mit dem Verein einen Arbeitsvertrag zu schliessen, denn dieser Vertrag berechtigt noch nicht, für den Verein zu spielen, obwohl gerade dies Inhalt des Vertrages ist. Seine Vertragserfüllung ist abhängig von der Lizenzer-

---

50 Seiler K., a.a.O., S. 62.
51 Halter F., a.a.O., S. 77 ff.
52 H.P. Westermann, Verbandsstrafgewalt S. 27.
53 Dannecker, Kühr, Handbuch des Vereins- und Verbandsrecht S. 531.
54 Auch der DFB schreibt den Vereinen und Spielern den Inhalt des Vertrages vor: Formulararbeitsvertrag.
55 Gleiche Situation im DFB, siehe Westermann, Verbandsstrafgewalt, S. 89.

teilung durch die NL. Zwischen Arbeitgeber (Verein) und Arbeitnehmer (Spieler) schaltet sich ein Dritter (Verband) ein, der sich die Erlaubniserteilung vorbehält (56). Für die Teilnahme an den Spielveranstaltungen der NL hat sich jeder Spieler durch einen vom Komitee der NL ausgestellten und anerkannten Spielerpass auszuweisen (Art. 18 QR). Erst jetzt darf der Spieler an den Veranstaltungen der NL teilnehmen (57). Nicht alle Spieler der NL sind jedoch Mitglieder des Vereins, mit dem sie durch den Spielervertrag in Rechtsverbindung stehen. Ist der Spieler nicht Mitglied, dann kann der Spielerpass auch nicht Bestandteil mitgliedschaftlicher Pflichten sein (58).

Die NL sichert sich indessen mit einer Reihe von Vorschriften den Durchgriff auf die Spieler, die selbst nicht Mitglieder der NL sind und dem Zugriff des Verbandes entzogen sind. Der von der NL zu genehmigende Arbeitsvertrag zwischen Spieler und Verein dient als Grundlage für die Unterstellung des Spielers unter das NL-Statut und das Wettspielreglement des SFV. Art. 4 des Spielervertrages enthält den "Einbezug des Satzungsrechts". Ebenso soll die Schiedsgerichtsvereinbarung (Art. 9 SV) bei pflichtwidrigem Verhalten des Vereins oder des Spielers die Zuständigkeit eines Vermittlungsverfahrens durch den Qualifikationsausschuss begründen (Art. 24 Ziff. 2 QR). Indirekt wirkt das NL-Statut auch insoweit auf die Spieler ein, als es die Vereine verpflichtet, für sich und seine Mitglieder, Spieler und Funktionäre zu garantieren, dass den Aufgeboten und Anweisungen der zuständigen Verbandsorgane Folge geleistet wird (Art. 4 NL-Statuten). Die Anerkennung des Art. 4 Spielervertrag durch die Parteien (Verein und Spieler) begründet auch die Zuständigkeit der vom SFV bezeichneten Organe (NL-Komitee Art. 30 NL-Statuten, Kontroll- und Strafkommission des SFV Art. 31 NL-Statuten, Rekursgericht der NL Art. 23 NL-Statuten, Verbandssportgericht Art. 34 SFV-Statuten), um verschiedene Sanktionen gegen Verein und Spieler auszufällen. Ist der Spieler nicht durch eine mitgliedschaftliche Pflicht den Satzungen des SFV und der NL unterworfen, so soll diese vertragliche Unterwerfung unter die Verbandsgewalt den Durchgriff sichern. Ob dies vor dem Recht standhält, bleibt späteren Überlegungen vorbehalten.

III. Verbandsstatuten und geltendes Vereinsrecht

In diesem Abschnitt soll gezeigt werden, welche Stellung das schweizerische Recht dem Verein und den Verbänden einräumt. Es ist für die weitere Behandlung des Themas von grundlegender Bedeutung, dass unser Recht gerade den Vereinen ein besonders grosses Mass an Freiheit für die Ausgestaltung des Verbandslebens gewährt (59). Die Bundesverfassung garantiert in Art. 56 BV das Recht der Vereins-

56 Wie im DFB: Westermann H.P., Verbandsstrafgewalt, S. 89.
57 Auch der DFB erteilt die Spielberechtigung erst nach Abschluss eines sog. Lizenzvertrages.
58 Kummer Max, Gutachten, S. 16, geht von der Voraussetzung aus, dass alle Spieler Mitglieder der Vereine sind.
59 Heini A., S. 521.

freiheit. Damit ist dem Einzelnen das Recht gewährt, einen Verein zu gründen, zu Vereinsversammlungen zusammenzutreten und eine Vereinstätigkeit zu entfalten (60). Begriffe wie "Vereinsautonomie" (anerkannt in Art. 63 ZGB) und "Privatautonomie" verdeutlichen die Stellung des Vereins im Rechtssystem. Die Vereinsautonomie bedeutet privatrechtliche, rechtsgeschäftliche Gestaltungsfreiheit (61). Privatautonomie will besagen, dass die Mitglieder die Statuten (Satzung) frei bestimmen können (62). Der Gesetzgeber hat jedoch die Freiheit eingeschränkt. Das Vereinsrecht enthält Normen von ungleicher Kraft und Bedeutung (63):

a) die zwingenden Normen, deren Anwendung "von Gesetzes wegen" verlangt wird, die durch Parteiabrede nicht abgeändert werden dürfen (Art. 64 Abs. 3, Art. 65 Abs. 3, Art. 68, Art. 70 Abs. 2, Art. 75, Art 77 ZGB) (64).
b) die statutarischen Normen, die Ausdruck der Vereinsautonomie sind.
c) die dispositiven gesetzlichen Normen.

Diese Reihenfolge schränkt die Gestaltungsfreiheit des Vereins ein, indem die zwingenden Normen diejenigen Interessen schützen, "die der Freiheit der Vereinsgestaltung nicht geopfert werden dürfen", denen die Rechtsordnung einen grösseren Wert als der Gestaltungsfreiheit zugemessen hat (65). Die zwingenden Bestimmungen betreffen vor allem die Interessen der Mitglieder; insbesondere den Mitgliedschaftsrechten ist zwingender Charakter zuerkannt (66). Zum Teil decken sich die Interessen der Mitglieder mit jenen des Verbandes, zum Teil liegen sie in der verbandsfreien Sphäre und streben Schutz vor der Vereinsgewalt an (67). Letzteres lässt eine weitere Einschränkung der Vereinsfreiheit erkennen. Das Bundesgericht hat präzisiert (68): "Gleich wie die Vertragsfreiheit nur in den Schranken des Gesetzes, der öffentlichen Ordnung, des Rechts der Persönlichkeit und der guten Sitten besteht, so besteht auch die Freiheit zur beliebigen Gestaltung von Verbandsstatuten nur innerhalb dieser Schranken." So wenig eine natürliche Person rechtsgültig auf die Handlungs- und Rechtsfähigkeit nach Art. 27 ZGB verzichten kann, so wenig darf der Verein das allen juristischen Personen zustehende Selbstbestimmungsrecht einschränken oder aufheben (69). Es muss eine oberste Pflicht des Vereins sein, "den sittlichen Wert der Persönlichkeit zu achten und daher den Grundbedürfnissen der persönlichen Freiheit in hinreichendem Grade Rechnung zu tragen" (70). In die gleiche Richtung weist die Vorschrift (Art. 56 BV), dass der Verein weder in Zweck noch in den verwendeten Mitteln unsittlich, rechtswidrig oder staatsgefährlich sein darf (71). Es ist

---

60 Lampert/Widmer, S. 15.
61 Egger A., ZH-Kommentar, N. 3 zu Art. 63, S. 410.
62 Egger A., ZH-Kommentar, S. 212.
63 Lampert/Widmer, S. 26.
64 Egger A., ZH-Kommentar, N. 3 zu Art. 63 und Lampert/Widmer, S. 26.
65—67 Egger A., ZH-Kommentar, N. 5 zu Art. 63 ZGB, S. 411.
68 In BGE 80 II 132.
69 Heini A., S. 522.
70 Lampert/Widmer, S. 16.
71, 72 Lampert/Widmer, S. 15.

einem Verein nicht erlaubt, seinen Mitgliedern mitgliedschaftliche Verpflichtungen aufzuerlegen, die das Recht der Persönlichkeit in unzulässiger Weise beschränken (72). Zwar geniessen Vereine in der Ausgestaltung ihres Vereinslebens ein grosses Mass an Freiheit, und der Gesetzgeber hat sich Zurückhaltung auferlegt bei der Regelung der Materie. Doch kann es nicht sein Wille gewesen sein, dem Stärkeren (Verband) ein Übermass an Macht zu geben und den Schwächeren (Mitglied) der Willkür auszuliefern. Je mehr in der heutigen Zeit die Macht der Verbände zunimmt, desto schützenswerter erscheinen die Interessen der einzelnen Mitglieder, und desto enger sind die Schranken der Vereinsautonomie zu setzen.

IV. Der SFV ein Kartell im Sinne des Kartellgesetzes? (73)

1. Zur Methode

Die Organisation des Schweizerischen Fussballverbandes ist in Ziff. II vorstehend eingehend gewürdigt worden. Anschliessend an diese Ausführungen, die gleichzeitig als Grundlage dienen, soll das Kartellgesetz allgemein auf seine sachliche Geltung geprüft werden. Ausgangspunkt ist die Definition des Kartells in Art. 2 KG. Das Gesetz will "alle volkswirtschaftlich und sozial schädlichen Auswirkungen wettbewerbsbeschränkenden Verhaltens erfassen" (74). Doch "nicht ob ein Kartell vorliege, nicht ob eine Verpflichtung als kartellrechtliche zu werten sei, wird des Richters Einsatz herausfordern " (75). Der Kartellbegriff tritt in den Hindergrund (76), denn nicht seine Bejahung löst die Rechtsfolgen des Kartellgesetzes aus, sondern die Unterstellung des Sachverhaltes unter einen der "Zugriffstatbestände" (77) (Art. 4, 11, 22 KG). Zögen wir aus der Begriffsbestimmung den Schluss, der SFV sei ein Kartell gemäss Art. 2 KG, dann läge der Sachverhalt zwar im Geltungsbereich des Kartellgesetzes, über die Anwendbarkeit der Tatbestände, wäre damit noch nichts ausgesagt. In diesem Sinne wird der schweizerische Kartellbegriff auch als "wertneutral" bezeichnet (78). Erst der Umstand, dass das Verhalten des Verbandes bei der Abwicklung eines Transfers einen der "Zugriffstatbestände" erfüllt, würde die Anwendbarkeit der genannten Bestimmungen des Kartellgesetzes nach sich ziehen. In den folgenden Ausführungen wird nach der Begriffserklärung diese Frage behandelt werden.

---

73 Bundesgesetz über Kartelle und ähnliche Organisationen vom 20. Dezember 1962.
74 Schürmann L., Kommentar zu Art. 1 KG, S. 19.
75 Kummer M., S. 119, Merz H., Kartellgesetz, S. 24.
76 Kummer M., S. 119, Sattler H., Zu den Begriffen des Kartells und der kartellähnlichen Organisationen, Diss. ZH 1970, S. 16, Schürmann L., Kommentar zu Art. 1 KG, S. 19.
77 Kummer M., S. 119, gleiche Meinung: Merz H., Kartellgesetz, S. 24, Schürmann L., in WuR 1963, S. 79.
78 Mathys P., Das Verhältnis zwischen kollektivem Arbeitsrecht und Kartellrecht, Diss. BS 1969, S. 16.

Unabhängig vom Ergebnis der Untersuchungen über die Begriffsbestimmung und "Zugriffstatbestände" muss der Vorbehalt des Art. 1, zweiter Satz KG geprüft werden. Es stellt sich nämlich das Problem, ob die den Übertritt regelnden Vorschriften der NL "ausschliesslich das Arbeitsverhältnis i.S. der zitierten Gesetzesbestimmung betreffen". Vor allem müssen wir uns mit dem Begriff "Arbeitsverhältnis" befassen. Eine anscheinend gangbare Methode erläutert Mathys (79), der die Denkform des Typus (80) als besonders geeignet betrachtet, nachdem sich das System der abstrakten Begriffsbildung (81) mit dem Dienstvertrag des OR als Ausgangspunkt als unzulänglich erwiesen hat (82).

Das Bundesgericht hat sich in zwei Urteilen (83) auf den "Möglichen Wettbewerb" als Auslegungshilfe für privatrechtliche Normen berufen (84). Auch die Rechtsprechung und die Lehre empfiehlt, das Kartellgesetz mit dem "möglichen Wettbewerb" auszulegen (85).

2.   Der SFV ein Kartell im Sinne des Art. 2 Abs. 1 KG?

Als Kartelle im Sinne des Gesetzes gelten Verträge, Beschlüsse oder rechtlich nicht erzwingbare Abreden, welche mittels gemeinsamer Beschränkung des Wettbewerbs den Markt für bestimmte Waren oder Leistungen beeinflussen oder zu beeinflussen geeignet sind, namentlich durch die Regelung der Erzeugung, des Absatzes oder Bezuges von Waren sowie der Preise und Geschäftsbedingungen (Art. 2 Abs. 1 KG).

Der SFV ist als Verein im Sinne des Art. 60 ZGB organisiert (Art. 1 SFV-Statuten). Die Nationalliga (NL) als Abteilung des SFV ist ihrerseits ein Verein i.S. des Art. 60 ZGB (Art. 1 NL-Statuten). Mitglieder der NL sind wiederum juristische Personen, nämlich die ihr angehörenden 28 Vereine (Art. 6 NL-Statuten). Art. 4 NL-

---

79 In: Verhältnis zwischen kollektivem Arbeitsrecht und Kartellrecht, Diss. BS 1969, S. 38 ff.
80 Grundlegend Larenz K., S. 412 ff.
81 Larenz nennt eine solche Begriffsbestimmung Methode der "isolierenden Abstraktion", S. 412 ff.
82 Mathys, a.a.O., S. 37 / Schluep W.R., in Festgabe Max Obrecht, S. 9 ff., insbes. S. 15 ff. anerkannt zwar, dass das typologische Denken und der Begriff des Typus der Rechtswissenschaft dienlich sein kann, weist aber auf die Gefahr "einer Neuauflage der Interessenjurisprudenz" hin, die das Denken in Typen als Auslegungsmittel in sich birgt.
83 BGE 91 II 34 und 91 II 491.
84 Schluep W.R., Markenschutzgesetz und Kartellgesetz, Festgabe 1965 zum schweiz. Juristentag, Bern 1965, S. 400 f. / Deschenaux H., in ZSR 87 (1968), S. 76 ff./ Kritisch Koller A., in WuR 1970, S. 155 ff.
85 Es ist nicht leicht, den "Möglichen Wettbewerb" zu umschreiben. Die Preisbildungskommission hat definiert, dass es gelte, "den Wettbewerb als marktwirtschaftliches Ordnungsprinzip (wenigstens) funktionsfähig zu erhalten. Oder negativ ausgedrückt, es muss verhindert werden, dass der Wettbewerb so weit ausgeschaltet wird, dass er seine Rolle als Marktregulator nicht mehr spielen kann". (Koller A., in WuR 1970, S. 150).

Statuten erklärt die Statuten, Reglemente und Beschlüsse des SFV und der NL für die Organe, die Vereine sowie deren Mitglieder, Funktionäre, Angestellte und Spieler für verbindlich. Art. 5 NL-Statuten unterwirft die Genannten vorbehaltlos der Verbandsgerichtsbarkeit. Nicht nur die Statuten der NL enthalten eine solche Verbindlicherklärung. An zwei weiteren Stellen wird eine Unterstellung gefordert. So verweist Ziff. 8 des Nichtamateur-Statuts auf die Statuten und Reglemente des Verbandes, der NL und der Vereine und der Spielervertrag bezieht das Satzungsrecht in Art. 4 mit ein. Die NL versucht auf diese Weise, die Spieler ihrem Satzungsrecht zu unterwerfen, die durch einen Arbeitsvertrag mit dem Verein verbunden sind. In diesem Bereich ist nun die Frage relevant, ob der Verband bzw. die NL durch Verträge, Statuten, Beschlüsse oder Reglemente, die auch der Spieler anerkennt, "mittels gemeinsamer Beschränkung des Wettbewerbs den Markt für bestimmte Waren oder Leistungen beeinflussen kann". In welche Form diese Vorschriften gekleidet sind, bleibt für Art. 2 Abs. 1 KG bedeutungslos (86), "da rechtsgeschäftliche (Vertrag, Beschluss) und rechtliche unverbindliche Abreden gleichgestellt sind". Dass statutarische und reglementarische Bestimmungen Inhalt des Begriffs "Beschluss" sind, geht eindeutig schon aus den Materialien hervor (87).

Die NL kennt als oberstes Organ die Delegiertenversammlung (Art. 9 NL-Statuten), zusammengesetzt aus den Delegierten der 28 Vereine der Ligen A und B. In ihre Kompetenz fällt gemäss Art. 13 Ziff. 11 NL-Statuten die Änderung der Statuten und Reglemente, sofern nicht ausdrücklich ein Vorbehalt zugunsten des Komitees besteht. Das Komitee zählt 8 Mitglieder sowie den Präsidenten. Die A-Liga und die B-Liga haben Anspruch auf je vier Sitze (Art. 15 NL-Statuten). Die Komiteemitglieder werden durch die ordentliche Generalversammlung gewählt (Art. 15 Abs. 2 NL-Statuten). Der grösste Teil der in den letzten Jahren durchgeführten Statutenänderungen und Neuerungen betraf die Regelung des Transfers; mit dem Reglement für die Qualifikation der NL-Spieler, dem Statut für Nichtamateurspieler und dem Reglement der NL betreffend Begrenzung der Spielerentgelte und Transfersummen sind nur einige genannt. Die Neuregelungen sind durch die Delegiertenversammlung oder das Komitee beschlossen worden. Für die Vereine sind sie mitgliedschaftliche Pflichten; der Spieler anerkennt die Regeln mit der Unterzeichnung des Spielervertrages. Durch Beschluss können auf diese Weise Verpflichtungen entstehen, die – im Falle des Spielers – ohne seine Mitsprache gefasst und auch durchgesetzt werden (88). Stimmenmehrheit genügt in der Regel, einem Beschluss die Rechtsverbindlichkeit zu geben (89). Notwendig ist aber, dass der Inhalt des Beschlusses, der "eine kartellistische Bindung herbeiführen soll", vom Vereinszweck gedeckt wird (90). Der Zweckartikel berechtigt die NL, die Übertritte innerhalb der Nationalliga zu regeln

---

86 Sattler H., a.a.O., S. 33.
87 Botschaft des Bundesrates BBl 1961 II S. 572, Sattler H., a.a.O., S. 33, Von Berlinge H., S. 329, Schürmann L., zu Art. 2 KG, S. 44, Mathys P., a.a.O., S. 9.
88 Sattler H., a.a.O., S. 33.
89, 90 Sattler H., a.a.O., S. 33/34.

(Art. 3 Abs. 2 NL-Statuten). Diese allgemeine Formulierung erlaubt den Schluss, dass damit der NL das Recht erteilt ist, die in ihrem Bereich notwendige Regelung vorzunehmen. Ob allerdings dies berechtigt, jedwelche einschränkenden Eingriffe anzuordnen, ist fraglich. (91)

Die Konsequenz aus den vorgetragenen Überlegungen ist, dass die Beschlüsse der Delegiertenversammlung der NL als Beschlüsse im Sinne des Art. 2 Abs. 1 KG verstanden werden können. Ein erstes Begriffsmerkmal des Kartells ist damit erfüllt.

Ist es gerechtfertigt, beim Spielerwechsel von einem Wettbewerb zu sprechen? In welchem Bereich findet allenfalls ein Wettbewerb statt? Die Mitglieder der NL sind unter sich Wettbewerber. Nicht der Wettbewerb auf dem Spielfeld ist hier gemeint, nicht der Kampf um Tore und Punkte, nicht das Wettspiel zweier Mannschaften. "Objekte" sind die einzelnen umworbenen Spieler der Vereine, Konkurrenten sind die Vereine untereinander in dem Sinne, dass jeder Verein bestrebt ist, sich die Dienste der für die eigene Mannschaft geeignetsten und besten Spieler zu sichern. Durch ein lukratives Angebot an den Verein und den Spieler versucht der interessierte Verein den alten Verein zur Freigabe zu bewegen. Offensichtlich ist es Wettbewerb, wenn sich gleichzeitig zwei oder mehrere Vereine um die Leistungen desselben Spielers bewerben. Die Vereine werben nicht nur um den Spieler. Eine weitere Voraussetzung für den Vereinswechsel ist die Einwilligung des alten Vereins. Also sind die Bewerber bestrebt für ihr Angebot die Einwilligung von Spieler *und* Verein zum Vertragsschluss zu erhalten. Diese Situation dürfte in der Praxis Regelfall sein, sind doch gute Fussballspieler – vorwiegend diese erhalten Angebote von anderen Vereinen – meist von verschiedenen Seiten umworben. "So kommen jene kraft des Wettbewerbs zum erstrebten gewinnbringenden Leistungsaustausch, deren Leistungen bezogen auf die Pläne der Gegenseite besser sind als andere" (92).

Wie der Begriff des Wettbewerbs hier zu verstehen ist, zeigt Kummer (93) in klaren Worten: "Gemeint ist also der Wettbewerb, wie er zwischen mehreren, mindestens zwei Akteuren, in seiner konkreten Erscheinungsform gerade hier waltet." (94) Ein einzelner Wettbewerb unter den unabsehbar vielen und vielgestaltigen "Wettbewerben", jeder für sich ausgetragen "in seiner eigenen Arena, wo nur gerade die wenigen antreten", die gleiche Ziele verfolgen (95). Ein ganz bestimmter, einheitlicher Vorstellungsgehalt wohnt diesem Wettbewerbsbegriffe inne. Mit andern Worten, es werden "mindestens zwei verlangt, die unter sich im Wettbewerb stehen, die mitein-

---

91 Nach Kummer M., S. 5, neigen die juristischen Personen zu einer "weiten und allgemeinen Fassung des Zwecks, um alles zu überdecken, was an zukünftigen Aufgaben an sie herantreten mag".

92 Schluep W.R., Alleinvertriebsvertrag, S. 42.

93 Kummer, M., S. 35.

94 Ähnliches schwebt wohl Sattler, a.a.O., S. 36 vor, wenn er den Wettbewerb definiert, "als die Summe aller, im Moment der Betrachtung bestehenden und potentiellen, materiellen und formellen Wahl- bzw. Ausweichmöglichkeiten der Marktpartner, der an der Abrede Beteiligten".

95 Kummer M., S. 35.

ander konkurrieren, die werben, und es muss ein Dritter da sein, um den geworben wird" (96). Welcher Wettbewerb gemeint ist, ob ein wirtschaftlicher oder nicht wirtschaftlicher, sagt das Kartellgesetz nicht. Es spricht von "Wettbewerb" schlechthin (97). Es ist aber nicht zu bezweifeln, dass der Gesetzgeber die Vorgänge des wirtschaftlichen Wettbewerbs im Auge hatte (98). Die gesetzlichen Beispiele in Art. 2 KG und die in der Botschaft (99) aufgeführten Beispiele verdeutlichen den Begriff des im Kartellgesetz relevanten wirtschaftlichen Wettbewerbs (100): Regelung der Erzeugung, des Absatzes oder Bezuges von Waren sowie der Preise und Geschäftsbedingungen, Abmachungen über die Art der Preisberechnung, über Rabatte, Zinssätze, Versicherungsprämien und Geschäftsbedingungen, über Produktionskontingente, die Aufteilung des Absatzes und über die Zulassung zu einem Beruf. Diese Beispiele legen klar, dass ein Wettbewerb auf dem Güter- und Leistungsmarkt gemeint ist (101). Gerade letzterer sollte im Bereich des Transfers stattfinden. Die Vereine treten als Nachfrager auf den Markt, ihr Interesse gilt dem Erwerb von Leistungen, die die einzelnen Spieler anzubieten haben. Die Clubs sind bestrebt, sich die Leistungen eines bestimmten Spielers zu sichern. Die einzelnen Vereine werden untereinander zu Wettbewerbern. Ihr Werben gilt dem Spieler und dem Verein. Beide müssen die Einwilligung zum Vereinswechsel geben. Damit sollte begründet sein, dass hier ein Wettbewerb waltet, wie ihn der Gesetzgeber im Kartellgesetz verstanden wissen möchte.

Der Gesetzeswortlaut verlangt aber ein weiteres Merkmal: Die "gemeinsame Beschränkung" des Wettbewerbs. Es kann nicht von Belang sein, welche Ziele die Wettbewerbsbeschränkungen *vorwiegend* verfolgt (102). Ist der Beschluss hauptsächlich zur Wettbewerbsbeschränkung gefasst worden, oder führt er diese nur als Nebenerscheinung mit sich? Beides ist denkbar, hat aber keine Bedeutung für die Begriffsbestimmung des Kartells. Nicht die Statuten des SFV und der NL sowie die Reglemente als Ganzes haben die Funktion, den Wettbewerb zu beschränken. Es sind einzelne Bestimmungen, hier relevant im Bereiche des Übertritts, die eine Beschränkung vermuten lassen. Dagegen, dass die NL die Übertritte regelt, ist nichts einzuwenden (Art. 3 Abs. 2 NL-Statuten). Einschneidend sind aber die Mehrzahl der Bestimmungen des "Reglementes für die Qualifikation der NL-Spieler (QR)". So beschränkt das Reglement die zulässige Zahl der Nichtamateurspieler auf 25 pro Verein (Art. 2), erteilt die Spielberechtigung für sog. "freie Spieler" in engem Rahmen (Art. 3), begrenzt die Zahl der Kontingentspieler auf 40 Einheiten pro Mannschaft (plus 5 weitere pro interregionale Juniorenmannschaft). M.a.W. den Vereinen wird vorge-

---

96 Kummer. M., S. 35.
97 Kummer M., S. 38.
98 Schluep W.R., vom lauteren zum freien Wettbewerb, GRUR Int. Heft 6/7 (1973), S. 448. Kummer M., S. 41, Schürmann L., Kommentar zum KG zu Art. 2, S. 37.
99 Botschaft in BBl 1961 II S. 572.
100 Schürmann L., Kommentar zum KG zu Art. 2, S. 38.
101 Kummer M., S. 40, 51 und 74: "Die Beschränkung interessiert nicht, soweit sie sich um den Wettbewerb in der Arena des Nichtmarktes dreht (Politik, Sport, Gesellschaft usw.), ..."
102 Kummer M., S. 3.

26

schrieben, wie viele Spielerverträge sie abschliessen dürfen. Die Spielerzahl ist kontingentiert. Die Vereine, unter sich Konkurrenten auf dem "Spielermarkt", beschränken durch diese Bestimmungen Angebot und Nachfrage. Nennt die Botschaft (103) als Beispiele für Kartelle, Abmachungen über die Zulassung zu einem Beruf, denn darum handelt es sich offensichtlich bei den genannten Vorschriften, so ist damit die Frage, ob der NL-Spieler als Fussballer einen Beruf ausübe, angeschnitten. Sie wird in einem andern Zusammenhang erörtert (104).

Der Kartellabrede ist weiter "ein gesellschaftliches Moment" eigen (105). Gesellschaftliches Element und "gleiche Interessenrichtung der Beteiligten" (106) möchten den Begriff "der Gemeinsamkeit einer Beschränkung" näher an das Konkrete heranführen. Drei Voraussetzungen nennt Sattler (107):

— Die Wettbewerbsbeschränkung muss für alle Beteiligten eine (gemeinsame) Quelle der Interessenbefriedigung darstellen.
— Gemeinsam ist die Beschränkung nur dann, wenn sich jeder Beteiligte zu einem die Wahl- bzw. die Ausweichmöglichkeiten beschränkenden Verhalten verpflichtet.
— Die Beteiligten müssen derselben Wirtschaftsstufe angehören und sich mit Angebot und Nachfrage auf demselben Markt befinden (108).

Sicherlich ist es für die Vereine (Beteiligten) eine "Quelle der Interessenbefriedigung", wenn Angebot und Nachfrage nicht frei spielen. Die Transfersummen lägen heute auch in der NL höher (109), sähe nicht das Reglement zur Begrenzung der Transfersummen und Spielerentgelte ein Kategorienmaximum vor (Art. 3 des Reglementes). Auch die Limitierung des Transfersummenanteils an den Spieler (max. Fr. 10'000.— in der NL-A und höchstens Fr. 3'000.— in der NL-B, Art. 4 des Regl.) bringt dem alten Verein finanzielle Vorteile. Weisen nicht gerade das Verbot der Abwerbung, die Transferliste (Art. 5 bis QR), das Recht der Freigabe (110) (Art. 6 und 7 QR), die Übertrittsperioden (111), (Art. 9 QR) sowie die Zahl der Übertritte pro Saison für denselben Spieler auf ein die "Wahl- bzw. Ausweichmöglichkeiten beschränkendes Verhalten" hin? Diese Bestimmungen zielen darauf, eine Ordnung der Nachfrage nach Spielern, die für die Vereine Leistungen zu erbringen haben, zu schaffen. Hierin ist die Wettbewerbsbeschränkung zu erblicken.

103 Botschaft des Bundesrates in BBl 1961 II, S. 572.
104 Nachfolgende S. 33 ff.
105 Botschaft des Bundesrates in BBl 1961 II S. 573.
106 Sattler H., a.a.O., S. 43.
107 a.a.O., S. 43.
108 Gleiche Meinung: Kummer M., S. 80 ff. Andere Meinung: Herbert Gut, Veranlassung und Ausführung wettbewerbsbehindernder Vorkehren, ZBR 409, Zürich 1973, S. 90 ff.
109 Vgl. die Entwicklung auf dem Transfermarkt in Italien und Grossbritannien. Italiens Transfermarkt erreichte im Sommer 1973 die Summe von 15 Milliarden Lire (75 Mio SFr.): Sportzeitung "Sport" vom 16. Juli 1973, Nr. 81, S. 27.
110 Vgl. vorne S. 3 f.
111 Vgl. vorne S. 4 f.

Das Kartellgesetz lässt eine Beschränkung auch im weitesten Sinne genügen, um von einer "gemeinsamen Beschränkung" zu sprechen (112). "Jeder Eingriff in die Entscheidungsfreiheit, ob gegen ein "Mehr" oder "Weniger" gerichtet, mag unbedenklich als Beschränkung gelten." (113) Ein "Engerschnallen" für den Gebundenen wird nicht Erfordernis sein (114). Nicht nur die Beschränkung eines jeden Vertragspartners im Wettbewerb, sondern auch, dass die Wettbewerber unter sich Konkurrenten sind, "jeder gegen jeden" (115), verdeutlicht den Begriff der "gemeinsamen Beschränkung des Wettbewerbs".

Der Marktbegriff ist für das Kartellgesetz so bedeutsam, dass dem Geltungsbereich dadurch Grenzen gesetzt sind (116): Nur wenn die Vorkehren einen Markt betreffen, wie er dem Kartellgesetz eigen ist, gilt das Gesetz. "Ein Markt liegt vor, wenn für bestimmte Waren oder Dienstleistungen (Art. 2 Abs. 1 KG) ein Angebot oder eine Nachfrage besteht."(117) Der oder die Beschlüsse, die die Wettbewerbsbeschränkung herbeigeführt haben, müssen sich zur Beeinflussung des Marktes für bestimmte Waren oder Leistungen eignen (118). Markteinfluss, wie Art. 2 Abs. 1 KG ihn versteht, ist, um mit Kummer (119) zu sprechen, "Beeinflussung der Marktgegenseite, Behauen der Chancen der Geschäftspartner, indem diese nicht mehr zu den gleichen Bedingungen kontrahieren können, wie sie ihnen erreichbar wären, bliebe dem Marktgeschehen das freie Spiel von Angebot und Nachfrage erhalten". Zu fragen, ob die Beschränkung den Markt auch tatsächlich beeinflusst, erübrigt sich, lässt es doch das Gesetz auch mit einer Eignung zur Marktbeeinflussung genügen. Kehren wir zurück zur Marktdefinition von Schürmann (120). Besteht beim Übertritt ein Angebot oder eine Nachfrage "für bestimmte Waren oder Dienstleistungen"? Der Spieler erbringt eine Leistung auf dem Fussballplatz und wird für diese Leistung vom Verein bezahlt. Wenn man unter "Leistung" gewerbliche, industrielle, künstlerische und wissenschaftliche versteht (121), die Leistungen der liberalen Berufe (122), "überhaupt jedes für einen andern vorgenommene Wirken, das nach Verkehrauffassung Teilnahme am Wirtschaftsverkehr darstellt", so müsste es unbedenklich erscheinen, das Wirken des Fussballers dieser Leistung unterzuordnen. Oder sollte die Leistung des Fussballers, jeder für sich allein "am Ball" betrachtet, als künstlerische Leistung taxiert werden? Gewiss gibt es sie, die wahren Künstler am Ball, doch ganz geheuer ist einem bei dieser Argumentation nicht. Wichtig ist jedoch die Schlussfolgerung, dass hier ein *Markt der Leistungen* herrscht. Als Nachfrager nach Spielerleistungen treten die Vereine in die "Arena", in der die Spieler ihrerseits Leistungen anbieten.

112, 113 Kummer M., S. 67.
114 Kummer M., S. 68.
115 Kummer M., S. 83.
116 Schürmann L., WuR 21 / S. 68.
117 Schürmann L., WuR 21 / S. 68.
118 Kummer M., S. 70.
119 a.a.O., S.70.
120 Vgl. Anm. 118.
121 Kummer M., S. 73.
122 Sattler H., a.a.O., S. 44.

Die Vereine werben aber nicht nur um die Leistungen der Spieler. Auch wenn der Spieler das Angebot akzeptiert, bleibt die Einwilligung des alten Vereins zum Transfer vorbehalten. Erst die grundsätzliche Einigung der Vereine bringt die Freigabe des Spielers. Der am Übertritt interessierte Verein ist also gleichzeitig bestrebt, vom alten Verein die Einwilligung (Freigabe) zu erhalten. Das Werben des neuen Vereins gilt somit zwei Zielen: Die Freigabe des Vereins und die Bereitschaft des Spielers zum Vertragsschluss. Die Vereine begegnen sich demnach auch auf einem andern Markt. Als "Markt der Einwilligungen" kann man ihn bezeichnen. Konkurrenten auf diesem Markt sind nur die Vereine, der Spieler ist nicht unmittelbar berührt.

Der Marktbegriff ist auch erfüllt, wenn ein Angebot oder eine Nachfrage für "bestimmte Waren" besteht. Mit "Ware" wäre der Spieler gemeint, der beabsichtigt, vom alten zum neuen Verein zu wechseln. Im Bereich des bezahlten Fussballs ist seit langem von einem "Spielermarkt" die Rede und man spricht unverholen von "Spielerkauf" (123). Nach Ablauf des Arbeitsverhältnisses werden die Spieler nur gegen Bezahlung der Transfersumme (Ablösesumme) für den neuen Vertragspartner freigegeben. (124) Überall ist von "Kauf" die Rede, nie vom Abschluss eines Arbeitsvertrages. Die Folge ist denn, dass sich ein deutsches Gericht (125) bereits mit einem Gewährleistungsanspruch aus "Spielerkauf" zu befassen hatte. Andere Entscheide, vorwiegend Urteile deutscher Gerichte, lassen den Konflikt Sportrecht mit allgemeinem Recht erahnen (126). Wenn auch, soviel wir sehen, bis heute kein schweizerisches Gericht sich mit einer Klage aus "Spielerkauf" zu befassen hatte, so bedeutet dies nicht, dass sich der Sachverhalt im schweizerischen Fussballsport gegenüber dem von einem deutschen Gericht beurteilten unterscheidet. Man kann nicht behaupten, das Interesse des Vereins an seinen Spielern beschränke sich auf das Arbeitsvertragsverhältnis, m.a.W. es gehe dem Verein lediglich um die auf dem Rasen zu erbringende Leistung. Jeder einzelne Spieler verkörpert für den Verein eine bestimmte in Geld gemessene Summe, einen bestimmten "Marktwert", wenn auch nur als Leistungsquelle. Spricht man von "Spielerkauf", so müsste man den Spieler als "Ware" im Sinne eines wirtschaftlichen Gutes bezeichnen. Denn Ware ist alles, "was Gegenstand der im Wettbewerb angestrebten Vertragsabschlüsse sein kann" (127). Eine fürwahr wenig schmeichelhafte Bezeichnung, die sich aber aus der Stellung des Spielers beim Vereinswechsel erklären lässt. Die Vereine sind bestrebt, auf dem Markt die Leistungen der Spieler zu erwerben. Sind jedoch die tatsächlichen Verhältnisse der Vertragspartner so ausgestaltet, dass der eine (Verein) faktisch die Herrschaft über die Leistungsquelle (Spieler) erlangt, so gerät man un-

---

123 Westermann H.P., Verbandsstrafgewalt, S. 20/21.

124 Zur Freigabe vgl. Art. 6, 7 QR.

125 Das LG Stuttgart: Der Kläger verlangt Rückzahlung der gezahlten Transfersumme, weil der betreffende Spieler wegen seiner Verwicklung in den Bundesligaskandal gesperrt worden war. (Westermann H.P., S. 21) Urteil vom 18.11.1971, Aktz. 11 0 330/71.

126 Westermann H.P., Verbandsstrafgewalt, S. 20/21: LG Bielefeld, Aktz. 6 0 28/72 sowie das BAG, Urteil in NJW 1971/855.

127 Kummer M., S. 73.

weigerlich in die Nähe des Begriffes "Kauf". Die juristische Terminologie verwendend, geht es nicht an, vom "Erwerb eines Spielers" zu sprechen. Es gilt jedoch zu bedenken, dass der Verein ausser den Leistungen auch eine Art Herrschaft über den Spieler "miterwirbt". Dies dank Verbandsvorschriften, die dem Verein eine recht starke Stellung einräumen. Solche Überlegungen mögen zeigen, wo Begriffe wie "Spielerkauf" u.a. ihren Ursprung haben. Sie können der rechtlichen Bewertung eines Sachverhaltes nicht zugrunde gelegt werden. Es führt zu falschen Schlussfolgerungen, wollte man derart irreführende Begriffe verwenden.

Zusammenfassend ist festzuhalten, dass die Statuten, Reglemente und Beschlüsse des SFV und der NL, soweit sie die Übertrittsregeln betreffen, ein Kartell im Sinne des Art. 2 Abs. 1 KG bilden. Jede einzelne Bestimmung für sich allein würde nicht zum Kartell führen, als zusammengefügtes Ganzes, als Mehrheit von Beschlüssen werden sie zum Kartell. Stellt eine Mehrheit von Verträgen ein "geplantes wirtschaftliches Ganzes" dar, so wird sie in ihrer Gesamtheit zum Kartell (128). Der Kartellbegriff tritt aber für die Gesetzesanwendung des privatrechtlichen Teils des KG in den Hintergrund, weil "die Unterstellung unter das Gesetz für sich allein noch keinerlei Konsequenzen zeitigt".(129) Erst wenn einer der "Zugriffs-Tatbestände" (130) erfüllt ist (Art. 4, 11, 22 KG), ergeben sich daraus Rechtsfolgen (131).

3.   Der Vorbehalt des Art. 1, zweiter Satz KG

Das Kartellgesetz ist nicht anwendbar auf Verträge, Beschlüsse und Vorkehren, soweit sie *ausschliesslich* das Arbeitsverhältnis betreffen (Art. 1, zweiter Satz KG). Sinn und Zweck dieses Vorbehaltes sind mannigfach. Einmal ist festzuhalten, dass diese Ausnahmebestimmung dazu beigetragen hat, "das Gesetz politisch abzustützen" (132). Namhafte Autoren (133) sind aber der Ansicht, dass die neue Regelung des kollektiven Arbeitsrechts (Art. 322–323 quater OR) zwar eine gewisse Sicherung gegen Wettbewerbsbeschränkungen auf dem Arbeitsmarkt enthalte, dass trotzdem auf dem Gebiete des Arbeitsmarktes ein weitergehender Schutz wünschenswert wäre und dass "das Arbeitsrecht in dieser Beziehung noch ausbaubedürftig sei" (134). Eine einschränkende Auslegung dieser Ausnahmebestimmung scheint gerechtfertigt, nur "ausschliesslich" das Arbeitsverhältnis betreffende Verträge, Beschlüsse und Vorkehren unterliegen dem Kartellgesetz nicht (135).

Wie kann der Begriff "Arbeitsverhältnis" konkretisiert werden? Welchen Inhalt gibt ihm das Kartellgesetz? Fest steht, dass zur Begriffsbestimmung weder der

128 Kummer Max., S. 7.
129 Merz H., Kartellgesetz, S. 24, vgl. vorne S. 30.
130 Kummer M., S. 119, Merz H., Kartellgesetz, S. 24.
131 Schürmann L., in WuR 20/S. 11.
132 Merz H., Kartellgesetz, S. 25.
133 So auch Merz H., Kartellgesetz, S. 26.
134, 135 Merz H., Kartellgesetz, S. 26.

"Dienstvertragsbegriff" (136) (Art. 322 Abs. 1 OR) noch das Verhältnis zwischen Arbeitgeber und Arbeitnehmer (Art. 322 Abs. 2 OR) tauglich ist (137). Die Begriffsbestimmung des OR beruht auf der Methode der "isolierenden Abstraktion" (138). Geeignet scheint die Denkform des Typus, angeregt durch Mathys (139), dem wir in den weiteren Überlegungen folgen werden.

Die Denkform des Typus stellt auf die Gesamtheit eines Lebensvorganges bzw. eines Gegenstandes ab, nicht auf isolierte Einzelfaktoren. Folgende Kriterien bestimmen den Typus des Arbeitsverhältnisses nach Art. 1 KG: "Verrichtung von fremdbestimmter Arbeit, weitgehende wirtschaftliche Abhängigkeit, unterschiedlich ausgeprägte persönliche Abhängigkeit gegenüber dem Abnehmer der Arbeit." (140) Wenden wir den sich herauskristallisierenden Typus auf den Sachverhalt beim Übertritt eines Spielers an, so ergeben sich folgende Konsequenzen: Ausgangspunkt ist das Arbeitsvertragsverhältnis des Vereins mit dem Spieler. Für die versprochenen Leistungen erhält der Spieler ein Entgelt. "Das Element der Entgeltlichkeit führt zum Faktor der wirtschaftlichen Abhängigkeit." (141) Diese Abhängigkeit ist umso grösser, je kleiner die Zahl der Abnehmer der Arbeit ist (142). Da die Zahl der Arbeitgeber (Abnehmer) im bezahlten Fussballsport recht klein ist, lässt dies dem Spieler sehr beschränkte Wahl- oder Ausweichmöglichkeiten und setzt ihn damit in ein enges Abhängigkeitsverhältnis zum Verein. Der Typus des Arbeitsvertragsverhältnisses im Sinne des Art. 1 KG ist weiter durch den Umstand gekennzeichnet, "dass der die Arbeit Verrichtende in aller Regel nicht selbst bestimmen kann, welche Arbeit er leisten will", sondern er sich vielmehr nach den Wünschen des Abnehmers zu richten hat (143). Solches kann auch vom Spieler gesagt werden, wenn man weiss, dass der Trainer einer Mannschaft bestimmt, auf welchem Posten der Spieler eingesetzt wird, ob er zu verteidigen, zu stürmen oder das Tor zu hüten hat. Ja, es besteht kein Rechtsanspruch des Spielers, in der Mannschaft "beschäftigt" zu werden (144). Hält der Trainer dafür, ein Spieler sei ausser Form oder er passe gegen einen bestimmten Gegner nicht in sein taktisches Konzept, so braucht er den Spieler für das Spiel nicht zu berücksichtigen. Dies bedeutet, dass sich der Spieler den Anordnungen des Trainers (Abnehmers) zu unterziehen hat und somit eine "fremdbestimmte, unselbständige Arbeit" (145) ausübt. Die Beispiele der fremdbestimmten Arbeit lassen sich ohne Mühe erweitern. Nicht nur auf dem Spielfeld hat der Spieler die Anordnungen

---

136 Gemeint ist Art. 322 des OR in der Fassung vom 30. März 1911, in Kraft seit 1. Januar 1912, revidiert am 25.6.1971.
137 Dazu grundlegend: Mathys P., Das Verhältnis zwischen Kartellrecht und kollektivem Arbeitsrecht, Diss. BS 1969, S. 34 ff.
138 Mathys P., a.a.O., S. 36. Begriff bei Larenz K., S. 412.
139 Mathys P., a.a.O., S. 38 ff.
140 Mathys P., a.a.O., S. 40.
141 Mathys P., a.a.O., S. 39.
142 Mathys P., a.a.O., S. 39.
143 Mathys P., a.a.O., S. 40.
144 Kummer M., Spielregeln, S. 74.
145 Mathys P., a.a.O., S. 40.

des Arbeitgebers zu befolgen. Er ist gehalten, auch an den wöchentlichen Trainings, Teamsitzungen und Massagen teilzunehmen. Er hat auf Weisung des Trainers zum Trainingslager einzurücken und aktiv an diesem teilzunehmen. Zusammenfassend ist deshalb zu folgern, dass die den Typus des Arbeitsverhältnisses umschreibenden Kriterien gegeben sind.

Ein weiteres Erfordernis kennzeichnet den Vorbehalt des Art. 1 KG. Nur solche kollektive Massnahmen sind vom Geltungsbereich ausgenommen, die *ausschliesslich* das Arbeitsverhältnis betreffen (146). Zu fragen ist, welche Absicht mit der Regelung des Transfers verfolgt wurde und tatsächlich erreicht werden konnte. Diese Absicht muss ausschliesslich auf einen Erfolg im Arbeitsverhältnis hinzielen (147). Der Spielervertrag bestimmt zur Hauptsache die Art und Höhe der Leistungen des Vereins an den Spieler. Die ordentlichen Vermögensleistungen des Clubs (Art. 3 SV) wie Jahresfixum, Erwerbsausfallentschädigung, ordentliche Leistungsprämien und andere geldwerte Leistungen sowie die ausserordentlichen Vermögensleistungen des Clubs, wie Treueprämien und ausserordentliche Leistungsprämien sind Vertragsinhalt, wie er dem Begriff des Arbeitsvertrages im OR durchaus eigen ist und fraglos das Arbeitsverhältnis betrifft. Darüber hinaus sind den Reglementen zahlreiche Bestimmungen zu entnehmen, die das Verhältnis des Vereins zum Spieler und den Übertritt im allgemeinen regeln. Um zu entscheiden, ob und wie weit die Bestimmungen das Arbeitsverhältnis betreffen, sind sie vorerst in ihrer mittelbaren und unmittelbaren Funktion zu unterscheiden. Bestimmungen, die auch nur mittelbar auf einen Erfolg im Bereich des Arbeitsverhältnisses hinzielen, sind ebenso geeignet, den Vorbehalt des Art. 1, zweiter Satz zu erfüllen wie Vorschriften, deren Absicht unmittelbar auf einen Erfolg im Arbeitsverhältnis gerichtet ist. Mittelbare Funktion üben aus die Beschränkung der Zahl der Nichtamateurspieler (Art. 2 QR), die Aufnahme auf die Transferliste als Erfordernis für einen Übertritt (Art. 5 bis QR), die Übertrittsperioden (Art. 9 QR) und die Zahl der Übertritte pro Saison (Art. 13 QR). Diese Bestimmungen wollen den Erwerb bzw. die Veräusserung von Leistungen beschränken. Eine Beschränkung, die unmittelbar ihre Wirkung bei den Vereinen als Nachfrager nach solchen Leistungen entfaltet, mittelbar jedoch das Arbeitsverhältnis mit dem Spieler betrifft. Direkt an den Spieler wendet sich das Reglement der NL betreffend die Begrenzung der Spielerentgelte und Transfersummen. Das vorgeschriebene Kategorienmaximum (Art. 3 des Reglementes), die Voraussetzungen für die Ausrichtung einer Treueprämie (Art. 5 des Reglementes), die Limitierung der ausserordentlichen Leistungen für Spezialwettbewerbe (Art. 7 des Reglementes) sowie die gemeinsamen Regeln über Transfersummen und Leihgebühren (Art. 11—16 des Reglementes) äussern ihren Erfolg unmittelbar im Arbeitsverhältnis, indem die Zuwendungen an Voraussetzungen geknüpft und begrenzt werden, die entweder Be-

---

146 Mathys P., a.a.O., S. 52.
147 Mathys P., a.a.O., S. 54 nimmt an, dass selbst dann die Absicht als ausschliesslich im Bereich
    des Arbeitsverhältnisses zu bewerten sei, wenn Zwischenabsichten sogar auf gütermarktliche
    Erfolge gerichtet sind.

standteil des Spielervertrages selbst sind oder im "Anhang" zum Vertrag aufgeführt
werden. Wenn auch die genannten Bestimmungen verschiedenartige Zwecke verfolgen, so ist doch nicht zu übersehen, dass sie ausschliesslich auf einen Erfolg im Arbeitsverhältnis hinstreben. Also die Regelung jenes Marktes betreffen, wie ihn der
Vorbehalt des Art. 1, zweiter Satz KG ausschliessen wollte. Das Kartellgesetz gilt
deshalb nicht; sein Geltungsbereich umfasst Vorkehren nicht, die, wie dargelegt,
ausschliesslich das Arbeitsverhältnis betreffen (148).

4.   Die "Zugriffstatbestände"

Diese Tatbestände sind in den Art. 4, 11 und 22 KG niedergelegt (149). Art. 4 KG
umschreibt den Tatbestand der Wettbewerbsbehinderung, Art. 11 KG denjenigen
der Kartellverpflichtung und Art. 22 KG die dem öffentlichen Interesse entgegenstehende Wettbewerbsbeschränkung (150). Die Ausführungen zum Vorbehalt des
Art. 1, zweiter Satz KG haben ergeben, dass die von der NL getroffene Regelung
ausschliesslich das Arbeitsverhältnis betrifft. Zu fragen, ob die "Zugriffstatbestände"
erfüllt sind, erübrigt sich deshalb.

5.   Schlussbemerkungen

Die Nationalliga als Abteilung des SFV ist ein Kartell gemäss Art. 2 Abs. 1 KG. Die
Beschlüsse und Vorkehren des Verbandes betreffen, soweit sie für den Übertritt von
Bedeutung sind, ausschliesslich das Arbeitsverhältnis. Die Tatbestände (154) des
materiellen Teils des Gesetzes sind demzufolge nicht anwendbar.

An dieser Stelle sei noch ein Anliegen des Verfassers vorgetragen. Es wäre sicher
wünschenswert, wenn sich die Spieler in naher Zukunft gewerkschaftlich organisieren würden. Dieser Vorschlag ist nicht neu. Verschiedentlich sind Anstrengungen
unternommen worden, die Spieler in einer Organisation zusammenzufassen. Heute
scheint eine Spielergewerkschaft nicht in Sicht zu sein. Der Abschluss eines Gesamt-
arbeitsvertrages zwischen Verband und Spielergewerkschaft wäre geeignet, das beim
Übertritt weit verbreitete Unbehagen zu beseitigen und dem Spieler die Stellung
eines Arbeitnehmers zu geben.

148 Im Ergebnis gleich: Kummer M., Spielregeln, S. 73.
149, 150 Schürmann L., Kommentar zum KG, zu Art. 1, S. 20.
151 Schürmann L., Kommentar zum KG, zu Art. 4, S. 71.
152 Als Dritte könnten Vereine unterer Ligen angesehen werden, doch werden sie durch die
    Reglemente eher begünstigt als behindert (vgl. das Kategorienmaximum).
153 Schürmann L., Kommentar zum KG, zu Art. 4, S. 66.
154 Gemeint sind Art. 4, 11 und 22 KG.

B.   Der Arbeitsvertrag zwischen Verein und Spieler

I.   *Die rechtliche Qualifikation des Arbeitsvertrages*

1.   "Fussballspieler" – ein Beruf?

Der NL-Spieler (1) ist mit seinem Verein durch einen Arbeitsvertrag verbunden. Der Verein ist verpflichtet, hiefür den vom Kontrollorgan ausgearbeiteten Spielervertrag zu verwenden (Art. 22 Regl. zur Begr. der TS), was bedeutet, dass der Inhalt (2) solcher vorformulierter Verträge für alle Spieler und Vereine derselbe ist. Hiemit wird ein Rechtsverhältnis begründet, in dem sich der Spieler gegen Entgelt verpflichtet, für seinen Arbeitgeber, den Club, "Fussball zu spielen". Natürlich beschränken sich die Pflichten eines Fussballers nicht nur auf das Spiel als solches, doch würde ihre Erörterung nichts zur Lösung der Frage beitragen.

Wenn wir im schweizerischen Recht nach einer "Berufsdefinition" suchen, so bietet sich die Bundesverfassung (Art. 31bis Abs. 3 und 4 BV) und das Kartellgesetz (Art. 5 Abs. 2 lit. c KG) an. Weder diese Normen noch die Rechtsprechung führen jedoch aus, welche Merkmale dem Begriff des Berufes eigen sind. Wenden wir uns deshalb deutschem Recht zu, dessen Grundgesetz in Art. 12 Abs. 1 GG die Berufsfreiheit garantiert. Verwaltungs-(3) und Verfassungsgerichte (4) sahen sich daher genötigt, den Begriff des Berufes zu definieren. "Beruf ist jede sinnvolle, erlaubte Tätigkeit, gleichgültig, ob sie sich unter bestimmte Berufsbilder zusammenfassen lässt, insbesondere also auch jede vom einzelnen frei gewählte untypische erlaubte Betätigung." (5)

Eine die Rechtsprechung zusammenfassende Definition findet sich bei Widmer (6), der sich zur Berufsdefinition wie folgt äussert: "Beruf ist jede auf die Dauer berechnete und nicht nur vorübergehende, Erwerbszwecken dienende Betätigung, sowie die wirtschaftlich sinnvolle Arbeit in ihrer Beziehung zur Persönlichkeit des Menschen im ganzen, die sich erst darin voll ausformt und vollendet, dass der Einzelne sich einer Tätigkeit widmet, die für ihn Lebensaufgabe und Lebensgrundlage ist und durch die er zugleich seinen Beitrag zur gesellschaftlichen Gesamtleistung erbringt." Es ist nicht erforderlich, dass die Tätigkeit allein die für den Lebensunterhalt wichtigen Einnahmen bringt, es genügt, wenn die Tätigkeit zum Erwerb des Lebensunterhaltes beiträgt (7). Der Beruf kann auch "sozialwertig neutral" sein (8). Das Grund-

---

1 Ausgenommen die Amateure.
2 Vgl. dazu vorne S. 5: Inhalt des Arbeitsvertrages.
3 BVerwGE 2, 89.
4 BVerfGE 7, 377, 397; 13, 97, 106; 14, 19, 22.
5 Westermann H.P., Verbandsstrafgewalt, S. 84, BVerfGE 7, 377.
6 Widmer M., Die Gewerbefreiheit nach schweizerischem und die Berufsfreiheit nach deutschem Recht, Diss. Bern 1967, S. 42.
7 Widmer M., a.a.O., S. 44.
8 Widmer M., a.a.O., S. 43.

gesetz gewährleistet das Recht des Einzelnen, "jede Tätigkeit, für die er sich geeignet glaubt, als Beruf zu ergreifen, d.h. zur Grundlage seiner Lebensführung zu machen". (9) Dem Einzelnen wird sogar ein eigentliches "Berufserfindungsrecht" zuerkannt (10). Bei dieser Ausgangssituation ist es unumgänglich, dem Berufsspieler in Deutschland zuzuerkennen, er übe einen Beruf i.S. des Art. 12 Abs. 1 GG aus. So wehrt sich Westermann (11) mit Recht gegen die Ansicht des DFB-Gerichts (12), Teilnahme am bezahlten Fussballsport sei kein Beruf i.S. des Grundgesetzes. Unwichtig ist es, ob der Spieler noch einen andern Beruf ausübt, neben demjenigen des Fussballspielers (13). Diese Meinung deckt sich mit der Definition, wonach es *ein* Merkmal des Berufsbegriffes ist, dass die Tätigkeit zur Bestreitung des Lebensunterhaltes nur beiträgt (14). Wesentlich ist dieser Schluss, weil die NL den Status des Berufsfussballers (15) nicht kennt. Jeder dem NA-Statut unterstellte Spieler ist verpflichtet, einen Beruf auszuüben, der ihm das Existenzminimum garantiert (Ziff. 2 NA-Statut). Ausgenommen sind Studenten, Lehrlinge und Spieler, die nachweisbar ohne eigenes Verschulden vorübergehend arbeitslos sind (2. Satz, Ziff. 2 NA-Statut). Der Qualifikationsausschuss der NL ist befugt, über Beruf und Berufsausübung eine Kontrolle vorzunehmen (Ziff. 2, Abs. 2 NA-Statut). Der Lizenzspieler der NL darf also nicht sein ganzes Einkommen aus der Tätigkeit im Fussballsport ziehen. Wie gross der prozentuale Anteil vom Gesamteinkommen ist, den er aus seiner fussballerischen Tätigkeit zieht, hängt ganz von seinem Wert für die Mannschaft ab. Je höher der Marktwert eines Spielers ist, desto höher werden die Summen in der Vereinbarung sein.

Schliesst nun das Erfordernis eines existenzsichernden Nebenberufes aus, Fussballspielen als Beruf zu betrachten? Das eidgenössische Statistische Amt führt in der Liste der Berufe den "Berufssportler" (16). Was ist darunter zu verstehen? Das eidgenössische Statistische Amt (17) definiert: "Der Berufssportler nimmt gegen Bezahlung aktiv an öffentlichen Sportwettkämpfen teil, trainiert — gewöhnlich unter Leitung eines Trainers oder Sportlehrers — zur Steigerung seiner Leistung in Fussball, Golf, Tennis, Athletik usw. durch körperliche Übungen und in regelmässiger Praxis, nimmt teil an öffentlichen Sportwettkampfveranstaltungen wie Fussballspiele, Golfturniere, Motor- oder Pferderennen oder andere athletische Wettspiele, ist gewöhnlich auf eine bestimmte Sportart spezialisiert und wird entsprechend bezeichnet." Diese umfassende Definition lässt folgenden Schluss zu: Der bezahlte Fussballer in der Schweiz findet trotz eines existenzsichernden "Zweitberufes" unter dem Begriff

---

9 BVerfGE 7, 397.
10 Widmer M., a.a.O., S. 45.
11 Westermann H.P., Verbandsstrafgewalt, S. 84.
12 Im Urteil vom 27. Oktober 1971 Nr. 64/71 72.
13 Westermann H.P., Verbandsstrafgewalt, S. 85.
14 Widmer M., a.a.O., S. 44.
15 Vgl. vorne S. 10: nicht zu verwechseln mit dem Beruf des Fussballsportlehrers.
16 Verzeichnis der persönlichen Berufe vom Dezember 1970, Berufsart 931.
17 Auskunft von Franz Degen, Adjunkt des Eidg. Statistischen Amtes, vom 25. Januar 1974.

"Berufssportler" Platz. Der verlangte existenzsichernde Beruf hat auf die Diskussion, ob "Fussballspielen" ein Beruf sei, keinen Einfluss. Sinn der Vorschrift des NA-Statuts (Ziff. 2) ist es nicht, Fussballspielen zur blossen Liebhaberei zu stempeln. Mit diesem Erfordernis soll der Verein vor einer allzu grossen finanziellen Belastung geschützt werden. Übt der Spieler einen Nebenberuf aus, so entbindet er den Verein von einem Teil der finanziellen Lasten. Eine Professionalliga dürfte aus wirtschaftlichen Gründen für die Schweiz ohnehin nicht realisierbar sein. Für den Begriff des Berufes ist es denn auch nicht relevant, ob der Spieler verpflichtet ist, einer andern Beschäftigung nachzugehen. Wir versuchen ja, die Tätigkeit "Fussballspielen" in den Begriff des Berufes hineinzustellen. Wie wir gesehen haben, lässt die Berufsdefinition (18) der Tätigkeit des Einzelnen breiten Raum. Deshalb darf angenommen werden, auch der Fussballspieler übe einen Beruf aus. Dieses Ergebnis lässt sich durch weitere Überlegungen stützen: Der unter Arbeitsvertrag stehende Lizenzspieler hat die aus der Vereinbarung fliessenden Pflichten wie jeder Arbeitnehmer zu erfüllen. Er hat pünktlich zu den Trainings zu erscheinen, einen einwandfreien Lebenswandel zu führen, alles zu unterlassen, was ihm als Sportler nicht förderlich ist und damit indirekt dem Arbeitgeber (Verein) schaden könnte. Die Ausübung des Fussballsports ist für den Spieler nicht mehr Hobby, zu dem er Zuflucht sucht, wann immer er gerade Lust verspürt und Zeit dafür hat. Genaueste Anweisungen des Trainers, sei es auf dem Rasen, sei es im privaten Bereich, hat der Spieler zu befolgen. Die Gegenleistung des Vereins besteht in den im Arbeitsvertrag festgehaltenen Geldsummen, die Entlöhnung sind für die Leistung auf dem Rasen. Längst ist im Fussballsport der reine Amateur dem Vertragsspieler gewichen.

Auch der Einwand, ein Fussballspieler brauche für die Ausübung seines Berufes keine Ausbildung, kann nicht ernsthaft gehört werden. Ist nicht das wöchentlich 3–4 mal zu absolvierende Training eine Ausbildung, die eben beim Spieler nie aufhört, solange er diesen Beruf ausübt? Ein ununterbrochenes "An-sich-arbeiten" ist Voraussetzung für Erfolge auf dem Spielfeld. Gehören nicht Theoriestunden ebenso zur Ausbildung des Spielers? Welche Mannschaft wird heute die Taktik ausser acht lassen?

Wenn das Statistische Amt in der Berufsliste den "Berufssportler" aufführt, so meint es alle diejenigen Sportler, denen die sportliche Tätigkeit Beruf zugleich ist. Hier nur den Sportler, den Professionalspieler, der keiner andern Tätigkeit nachgeht, sehen zu wollen, wäre falsch (19). Ob das Fussballspiel vom Amateur oder Berufsspieler ausgeübt wird, macht bezüglich der Tätigkeit, die sie ausüben, keinen Unterschied. Betrachten wir den Amateur und den Berufsspieler an ihrem "Arbeitsplatz", nämlich auf dem Rasen, so ist ihr Tun dasselbe. Beide versuchen möglichst vollkommen mit dem "tückischen Objekt" umzugehen, mit dem Ziel, die gegnerische Mannschaft zu besiegen, mehr Tore zu schiessen als die Gegner. Nur lässt sich der eine für

---

18 Siehe vorne S. 33.
19 Dies kann mit Recht aus der Definition des Berufssportlers geschlossen werden. Vgl. vorne
   S. 34.

seine Tätigkeit bezahlen, während der andere aus Freude am Spiel Fussball spielt.
Das wesentlichste Merkmal des Berufsbegriffes aber ist, dass das Tätigwerden irgendwie zur Bestreitung des Lebensunterhaltes beiträgt. Die Tätigkeit des Spielers gliedert
sich in einen Haupt- und einen Nebenberuf. Im Einzelfall wäre zu klären, welche Bezeichnung dem Fussballspieler zuzuordnen ist. Wendet ein Spieler mehr Zeit für den
Fussballsport auf, erzielt er mehr Einkommen mit seiner sportlichen Tätigkeit,
dann würde mit Recht der Fussballsport als Hauptberuf bezeichnet. Für die Rechts-
anwendung ist diese Unterscheidung deshalb nicht bedeutsam, weil sowohl die
haupt- als auch die nebenberufliche Erwerbstätigkeit von der HGF erfasst wird (20).

Damit ist genügend begründet, dass die Teilnahme am bezahlten Fussballsport als
Beruf anzusehen ist.

2. Der Nationalliga A oder B Spielervertrag

a) *Inhalt*

Im Sachverhalt (21) wurde der Spielervertrag bereits erwähnt. Hier sollen die einzelnen Bestimmungen des Vertrages näher untersucht werden.

Der Vertrag nennt zuerst die Vertragsparteien (Art. 1). Es sind dies der Club als
Arbeitgeber und der Spieler als Arbeitnehmer. Erforderlich ist die Angabe der Spielerkategorie (Nationalspieler, Art. 13 Regl. zur Begr. der TS; Standardspieler, Art.
14; Nachwuchsspieler, Art. 15; Spieler der NL-B, Art. 16).

Art. 2 regelt den Vertragsabschluss. Es wird festgehalten, dass der Vertrag für die
Parteien mit der Unterzeichnung bindend wird.

Art. 3: Die ordentlichen Vermögensleistungen des Clubs gliedern sich in 4 Teile
(Jahresfixum, Erwerbsausfallentschädigung, ordentliche Leistungsprämie, "andere
geldwerte Leistungen"). Der jeweilige Gesamtbetrag pro Jahr ist anzugeben.

Von grosser Wichtigkeit ist Art. 4 des Spielervertrages. Der Spieler bestätigt hierin, vom Satzungsrecht des Verbandes und der Vereine Kenntnis genommen zu haben. Der Vertrag nennt a) das Wettspielreglement des SFV, b) das Rechtspflegereg-
lement des SFV, c) das Handbuch der NL, d) das Reglement für das Kontrollorgan
der NL, e) die Satzungen und Reglemente des Clubs. Lit. a—e sollen integrierende
Bestandteile des Spielervertrages bilden. Diese Bestimmung soll den Spieler dem
"Sportrecht" des Fussballverbandes unterwerfen. Die Form der Unterwerfung wird
noch Gegenstand der Untersuchung sein (22).

20 Marti H., HGF, S. 59: Die HGF bezieht sich aber auch auf die gelegentliche Erwerbstätigkeit
    (S. 60).
21 Vgl. vorne S. 5.
22 Siehe S. 38.

In Art. 5 behält sich das Kontrollorgan (KO) vor, reglementswidrige Vertragsbestimmungen als nichtig zu erklären und die Vereine nach Belehrung zur Verbesserung anzuhalten.

"Weitere Bestimmungen" lautet das Marginale von Art. 6. Hiermit sollte der Vertragsautonomie Rechnung getragen werden. Eine solche Bestimmung lässt Raum für individuelle Absprachen zwischen Verein und Spieler. Sie ist geeignet, das Vertragsverhältnis zu konkretisieren, indem beispielsweise die Pflichten des Spielers näher umschrieben werden. Sei es, dass er viermal wöchentlich zu trainieren hat, sei es, dass er vor entscheidenden Spielen ein Trainingslager zu besuchen hat.

Art. 7 des Spielervertrages regelt die Dauer und die Beendigung des Arbeitsverhältnisses. Ist der Vertrag auf eine bestimmte Dauer geschlossen, so kann jede Partei auf Ende diser Dauer kündigen. Bei unbestimmter Vertragsdauer kann auf Ende jeder Saison nach erfolgter schriftlicher Mitteilung gekündigt werden. Unterbleibt eine Kündigung, so verlängert sich der Vertrag stillschweigend um eine Saison. Wenn der Verein am Ende der Saison aus der bisherigen Liga absteigt, so erlischt der Vertrag auf den Zeitpunkt des Ausscheidens entschädigungslos.

In Art. 8 SV unterwirft sich der Spieler der Disziplinargewalt der zuständigen Vereins- und Verbandsorgane für die Dauer der Gültigkeit des Arbeitsvertrages. Die Schiedsgerichtsvereinbarung (Art. 9 SV) verbietet den Parteien, also Verein und Spieler, bei Streitigkeiten aus dem Spielervertrag und bei Streitigkeiten über die Anwendung der darin vorbehaltenen Verbands- und Clubvorschriften den ordentlichen Richter anzurufen, sofern eine schiedsgerichtliche Erledigung vorgesehen ist. (23)

Im "Anhang" zum Spielervertrag werden die ausserordentlichen Vermögensleistungen des Clubs festgehalten. Lit. a) nennt den Transfersummenanteil oder den Anteil an der Leihgebühr, für den Fall, dass der Spieler definitiv übertritt oder leihweise dem neuen Verein überlassen wird. Lit. b) bestimmt die ausserordentliche Treueprämie, deren Voraussetzungen in Art. 5 des Regl. zur Begr. der TS aufgezählt sind. Die ausserordentlichen Leistungsprämien (lit. c) honorieren Erfolge, die auf dem Spielfeld erzielt werden. So sind Leistungsprämien zulässig, wenn die Mannschaft mehr als 32 Punkte in der Meisterschaft erringt, beim Gewinn der Schweizer Meisterschaft, bei Siegen in Cup-Halbfinal und Cup-Final, für gewisse Liga-Cup-Spiele, bei Teilnahme am Cup der Meister, Cup der Cupsieger und am UEFA-Cup sowie bei Teilnahme am Alpen-Cup oder IFC-Wettbewerb (24).

---

23 Siehe Ziff. 14–16 NA-Statut.
24 IFC-Wettbewerb: Internationaler Fussballcup.

b) Die Pflichten des Spielers

Ausser der Pflicht, vom Satzungsrecht Kenntnis zu nehmen und sich ihm zu unterwerfen, enthält der Vertrag keine ausdrücklichen Pflichten, die dem Spieler auferlegt würden. Demgegenüber nennt der Formulararbeitsvertrag (25) der BRD die Vielzahl der Pflichten, denen der Spieler nachzukommen hat. "Der Spieler verpflichtet sich, seine Arbeitskraft und seine sportliche Leistungsfähigkeit uneingeschränkt für den Verein einzusetzen, alles zu tun, um seine Leistungsfähigkeit zu erhalten und nach Möglichkeit zu steigern und alles zu unterlassen, was einer sportlichen Leistungsfähigkeit im allgemeinen und im besonderen vor und bei Veranstaltungen abträglich sein könnte." (Paragraph 2). Es folgen eine Reihe von Verpflichtungen: an den Spielen und Lehrgängen teilzunehmen, sich an Spielbesprechungen zu beteiligen, am Training und an den Trainingslagern teilzunehmen, an Behandlungen teilzunehmen, die zur Aufrechterhaltung und Verbesserung der Kondition beitragen, in Funk, Presse und Fernsehen unentgeltlich im Interesse des Vereins mitzuwirken, sich an Reisen im In- und Ausland zu beteiligen und eine Nebenbeschäftigung zu unterlassen (26). Eine bessere Umschreibung der Leistungspflicht des Spielers ist kaum denkbar (27). Der Spielervertrag der NL schweigt sich über die Pflichten des Spielers aus. Wahrscheinlich deshalb, weil durch den Einbezug des Satzungsrechts das Handbuch der NL für den Spieler Verbindlichkeit (28) erlangen soll. Ziff. 8 NA-Statut verpflichtet den Spieler in ähnlicher Weise wie Paragraph 2 des Formularvertrages. Weitere Pflichten lassen sich den Vorschriften nicht entnehmen.

c) Rechtsnatur des Arbeitsvertrages

Man könnte versucht sein, den Arbeitsvertrag zwischen Verein und Spieler als Gesamtarbeitsvertrag (GAV) im Sinne des Art. 356 OR zu bezeichnen. Der GAV gilt als zentrales Institut des kollektiven Arbeitsrechts (29), in dem Bestimmungen über Abschluss, Inhalt und Beendigung der einzelnen Arbeitsverhältnisse der beteiligten Arbeitgeber und Arbeitnehmer aufgestellt werden (30). Das Gesetz (Art. 356 Abs. 1 OR) gibt auf Arbeitgeberseite jedem einzelnen Arbeitgeber oder, bei Zusammenschlüssen derselben, den Arbeitgeberverbänden die Fähigkeit, GAV abzuschliessen

25 Paragraph 2 Formulararbeitsvertrag zwischen Verein und Spieler.
26 Paragraph 2 lit. a–f Formulararbeitsvertrag.
27 Horschitz H., Vereinsstrafe, Betriebsstrafe, Vertragsstrafe; Diss. Heidelberg 1970, S. 17.
28 Man beachte einmal die unterschiedliche Terminologie: Art. 4 SV: "Der Spieler bestätigt ... Gelegenheit zur Kenntnisnahme gehabt zu haben." Formulararbeitsvertrag Paragraph 1: "Der Spieler erkennt sie – insbesondere das DFB-Bundesligastatut – *ausdrücklich* als für ihn *verbindlich* an. Der Spieler *unterwirft* sich der Satzung des Vereins."
29 Guhl/Merz/Kummer, S. 382.
30 Guhl/Merz/Kummer, S. 382, Rehbinder M., S. 127.

(Tariffähigkeit) (31). Auf Arbeitnehmerseite wird die Fähigkeit gemäss Wortlaut des Gesetzes (32) nur den Arbeitnehmerverbänden zugebilligt (33). Einzelne Arbeitnehmer und nichtorganisierte Arbeitnehmergruppen sind nicht tariffähig (34). Zwar würde die Arbeitgeberseite, die Vereine, zusammengeschlossen im NL-Verband, die Voraussetzung erfüllen, doch steht auf Arbeitnehmerseite eine nicht organisierte Zahl von Arbeitskräften gegenüber. Die Spieler bilden keine Gewerkschaft. Ein Zusammenschluss würde sie tariffähig machen. Sinn eines GAV ist es, dass Arbeitgeber oder deren Verbände und Arbeitnehmerverbände *gemeinsam* Bestimmungen über das Arbeitsverhältnis aushandeln. Die Spieler haben jedoch bei der Ausarbeitung dieses Vertrages nicht mitgewirkt, nicht zuletzt deshalb, weil jeglicher Zusammenschluss, der ein gemeinsames Auftreten erlaubte, fehlt. Das Gesetz hat einzelnen Arbeitnehmern die Tariffähigkeit versagt, weil mit ihr Verpflichtungen verbunden sind, für deren Einhaltung nicht organisierte Gruppen keine Gewähr bieten. Es sei nur an die Friedenspflicht und die mögliche Abhängigkeit solch lockerer Gruppierungen von der Gegenseite erinnert (35). Der zu beurteilende Arbeitsvertrag konnte aber nicht in gemeinsamen Verhandlungen zwischen Partnern, wie sie das Gesetz vorschreibt, zustandekommen. Art. 22 (Regl. zur Begr. der TS) verpflichtet die Vereine, beim Abschluss von Spielerverträgen das vom Kontrollorgan ausgearbeitete Vertragsformular zu verwenden. Das Vertragsformular bezweckt eine möglichst lükkenlose Kontrolle der Zuwendungen an die Spieler.

Der Nationalliga-Spielervertrag wird in seinen Grundzügen den Parteien vorgeschrieben. Nur die Höhe der vom Verein zu erbringenden Leistungen kann von Fall zu Fall verschieden sein. Der früher verwendete Begriff "Arbeitsvertragsformular" (36) deutet an, dass es sich um einen Formularvertrag mit arbeitsvertragsrechtlichem Inhalt handelt. "Formularverträge sind umfangreiche vorgedruckte Vertragsmuster, in die die individuell ausgehandelten Vertragsabreden hand- oder maschinenschriftlich eingesetzt werden, so dass sie mit dem Vorgedruckten verschmelzen." (37) Diese Definition trifft zu für die Art. 1, 3, 6 und 7 SV sowie für den "Anhang". Diese Artikel lassen den Parteien einen Verhandlungsspielraum. Sie müssen durch die Parteien ausgefüllt werden. Je nach "Marktwert" des Spielers werden die vereinbarten Beträge höher oder niedriger sein. Die übrigen Bestimmungen des Spielervertrages sind anderer Natur (Art. 2, 5, insbesondere Art. 4, 8 und 9). Sie gleichen Allgemeinen Geschäftsbedingungen (AGB), wenn wir der Unterscheidung bei Rehbinder fol-

---

31 Rehbinder M., S. 128.
32 Art. 356 Abs. 1 OR: ... und Arbeitnehmer*verbände* ...
33 Guhl/Merz/Kummer, S. 382, Rehbinder M., S. 128.
34 Rehbinder M., S. 128.
35 Rehbinder M., S. 128.
36 Im Jahre 1973 wurde der Arbeitsvertrag umbenannt. Anstelle des "Arbeitsvertragsformulars" trat die Bezeichnung "Nationalliga-A oder B Spielervertrag". Zum Inhalt der Neufassung vgl. vorne S. 36 f.
37 Rehbinder M., AGB, S. 6.

gen (38). "AGB sind umfangreiche vorgedruckte Zusammenstellungen von Klauseln, die von den individuell ausgehandelten Vereinbarungen äusserlich getrennt bleiben und auf die lediglich global verwiesen wird. " (39) Art. 4 SV bezieht das Satzungsrecht mit ein. Es wird also auf das umfassende Regelwerk verwiesen und zwar lediglich global. Nur die Statuten und Reglemente werden benannt; einzelne Bestimmungen werden nicht ausdrücklich genannt. Im gleichen Artikel wird das Satzungsrecht als "integrierender Bestandteil" des NL-Spielervertrages bezeichnet. Losgelöst und "äusserlich getrennt" von der ausgehandelten Vereinbarung war der Abschnitt über die disziplinarrechtliche Unterstellung und die Schiedsgerichtsvereinbarung im alten "Arbeitsvertragsformular" geordnet. Der Spielervertrag in der Neufassung bezieht diese Materie in den Art. 8 und 9 mit ein.

Die folgende Diskussion wird sich vorwiegend mit Art. 4 SV befassen. Dieser Artikel, ein Hinweis auf die existierenden Statuten und Reglemente, verlangt eine Bestätigung vom Spieler, dass er Gelegenheit zur Kenntnisnahme vom Satzungsrecht gehabt hat. Verwiesen wird also auf Vorschriften, die Inhalt des Vertrages sein sollen. So lässt sich sagen, dass der Vertrag auf Allgemeine Geschäftsbedingungen verweist und sie zu "integrierenden Bestandteilen" des Vertrages werden sollen. Der Vertrag als solcher stellt nur eine Rahmenabmachung dar, die erst richtig zum Tragen kommt, wenn der Spieler auch die übrigen Vorschriften anerkennt und sich ihnen unterwirft.

Vorweg ist die Frage zu beantworten, ob die Vorformung des Vertragsinhaltes die Vertragsfreiheit nicht in unzulässiger Weise beschränkt. Schönenberger/Jäggi (40) verneinen dies und fügen bei, dass die Vertragsfreiheit auch dann nicht tangiert werde, wenn eine Partei gegenüber einem Dritten (z.B. Verband) verpflichtet sei, den vorgeformten Inhalt zu verwenden. Natürlich bleibt bei dieser Ansicht ein Unbehagen zurück, wird doch die "diktierende" Partei immer eine einseitige Interessenwahrung vornehmen. Doch dieser Gefahr mit einem Verbot zu begegnen, wäre falsch. (41)

Der Spieler anerkennt die AGB durch "formularmässige Übernahme". (42) In einem als Vertragsurkunde ausgestatteten Formular wird der vorgeformte Inhalt wiedergegeben. (43) In das Formular wird der individuelle Vertragsinhalt eingefügt (Spielerkategorie, Vermögensleistungen des Clubs, Vertragsdauer). Bei dieser Art der Übernahme der AGB sind der individuelle und der nichtindividuelle Inhalt äusserlich getrennt, doch sie werden als einheitliches Ganzes durch die Unterschrift gedeckt. (44)

38 Rehbinder M., AGB, S. 6.
39 Begriffe wie Standardvertrag und AGB werden im allg. nicht unterschieden: Auer E., Die richterliche Korrektur von Standardverträgen, Diss. Bern 1964, S. 1. Anm. 3, Hecht in ZSR 79, S. 56, Merz H., AGB, S. 139, Ähnliche Definition der AGB bei Auer E., a.a.O., S. 1, Merz H., BE-Kommentar, N. 170 ff. zu Art. 2 ZGB.
40 Kommentar, N. 431, zu Art. 1 OR.
41 Guhl/Merz/Kummer, S. 119: AGB "sind aus dem modernen Wirtschaftsleben nicht wegzudenken".
42, 43 Schönenberger/Jäggi, N. 449 zu Art. 1 OR.
44 Schönenberger/Jäggi, N. 449 zu Art. 1 OR.

Auf verschiedene Arten kann die Übernahmeerklärung erfolgen. Die Vollerklärung setzt voraus, dass der Spieler jede einzelne Regel geprüft und sich über deren Tragweite Rechenschaft gegeben hat. (45)

Die Vielzahl der Reglemente lässt nicht leicht einen Überblick gewinnen. Offensichtlich geschieht die Übernahme der AGB durch den Spieler mit einer Globalerklärung (46). Typisch für diese Art der Übernahme ist, dass der Erklärende zwar den vorgeformten Inhalt als Gesamtes übernimmt, dass er aber den Inhalt der AGB "entweder nicht zur Kenntnis genommen (überhaupt nicht oder nicht in allen Teilen) oder wenigstens nicht jede Regel für den betreffenden Einzelvertrag überlegt und verstanden hat". (47) Es wäre übertrieben, zu behaupten, ein Spieler habe sich jede einzelne Bestimmung der Statuten und Reglemente vor der Vertragsunterzeichnung gründlich überlegt. Möglicherweise kennt er nicht einmal diejenigen Bestimmungen, die direkt mit dem abgeschlossenen Vertrag in Zusammenhang stehen. Man geht nicht fehl in der Annahme, dass der Spieler sich mehr für die Vermögensleistungen des Vereins interessiert als für den äusserst wichtigen Art. 4 des Spielervertrages oder die Schiedsgerichtsklausel. Zudem spricht eine tatsächliche Vermutung für eine einseitige Globalübernahme, wenn ein vorgeformter Inhalt verwendet wird. (48) Die typische Interessenlage beim Vertragsschluss einerseits und "die Art und Weise, wie Formularverträge abgeschlossen werden", lassen den Schluss zu, die eine Partei (gemeint ist der Spieler) habe den Vertrag unterzeichnet, ohne die *einzelnen Regeln*, ihren *Zusammenhang* und ihren *Zweck* genauer zu überlegen. (49) Art. 4 SV verlangt nur, dass dem Spieler "Gelegenheit" zur Kenntnisnahme des Satzungsrechts eingeräumt werden muss. Dieser Ausdruck ist recht unbestimmt, wenn man davon ausgeht, dass eigentlich eine Unterwerfung gemeint ist. "Kenntnis nehmen" kann der Spieler auch in einem weiteren Sinn. Er weiss zwar, dass weitere Bestimmungen, die in Art. 4 SV zusammengefassten, Bestandteil des Vertrages sind, er liest jedoch deren Inhalt überhaupt nicht.

Wie steht es aber mit der Geltung eines vorgeformten Vertragsinhaltes? Grundsätzlich ist festzuhalten, dass die Übernahme durch einseitige Globalerklärung einer oder jeder Partei genügt (50). Prinzipiell genügt zur Geltung des vorgeformten Inhalts die Zustimmung des Spielers, auch wenn er den Inhalt nicht zur Kenntnis genommen und überlegt hat. (51) Dieser Grundsatz weist zahlreiche Ausnahmen auf. Der Inhalt einer Bestimmung ist ausschlaggebend für die Entscheidung, ob eine Ausnahme vom Grundsatz anzunehmen ist.

Art. 7 des Spielervertrages regelt die Dauer und Beendigung des Arbeitsvertrages. Der Zeitpunkt des Inkrafttretens und die Dauer (bestimmte oder unbestimmte Dauer) werden durch die Parteien geregelt. Ebenso sind die Kündigungsmodalitäten

45 Schönenberger/Jäggi, N. 461 zu Art. 1 OR.
46, 47 Schönenberger/Jäggi, N. 462 zu Art. 1 OR.
48, 49 Schönenberger/Jäggi, N. 476 zu Art. 1 OR.
50 Schönenberger/Jäggi, N. 476 zu Art. 1 OR.
51 BGHZ 42, 55.

Gegenstand des Art. 7 SV. Ist der Vertrag abgelaufen oder von einer Partei fristgerecht gekündigt, so bedeutet dies für den Spieler nicht, dass er mit einem neuen Verein einen Arbeitsvertrag abschliessen darf. Damit ist es dem Spieler auch verwehrt, die Spielberechtigung zu erwerben. Ziff. 7 NA-Statut bestraft nämlich jenen Spieler, der eine "Vereinbarung" (gemeint ist ein Spielervertrag) mit dem neuen Verein abschliesst, bevor der bisherige Verein schriftlich sein Einverständnis mit dem Übertritt erklärt hat. Gemeint ist damit wahrscheinlich eine Freigabe gemäss Art. 6 QR. Ein Verstoss gegen diese Bestimmung bringt dem Spieler für den betreffenden Verein eine 3-jährige Sperre. Die Einwilligung des alten Vereins nach Ablauf des Arbeitsvertrages und die schwerwiegenden Folgen bei Zuwiderhandlung, ein Berufsverbot für 3 Jahre, werden im Vertrag nicht ausdrücklich erwähnt. Kann der blosse Verweis des Art. 4 SV auf die bestehenden Reglemente so einschneidende Folgen zeitigen? Die schweizerische Gerichtsparxis kennt im Gegensatz zum deutschen Recht (52) keine nur für AGB geltende Auslegungs- oder Kontrollgrundsätze. (53) Doch hat die Rechtsprechung Regeln geschaffen, die einen Eingriff in AGB möglich machen. Die "Ungewöhnlichkeitsregel" (54) untersucht, "ob der nicht gelesene Inhalt so aus dem zu erwartenden Rahmen falle, dass damit nach Treu und Glauben nicht habe gerechnet werden müssen".(55) Die "Ungewöhnlichkeit" ist auf den Einzelnen zugeschnitten zu verstehen, *aus der Sicht des Spielers im Moment des Vertragsabschlusses*. (56) "Ungewöhnlich ist im allgemeinen, was geschäftsfremd ist." (57)

Bevor wir aber zur Ungewöhnlichkeitsregel zurückkehren, ist der Sachverhalt bei der Unterzeichnung des Spielervertrages weiter zu verfolgen. Liest der Spieler die Statuten und Reglemente? Werden ihm die Bestimmungen zur Einsicht vorgelegt? Nach Auskunft des Geschäftsführers der NL (58) wird jedem Spieler beim Vertragsabschluss das Handbuch der NL überreicht. Demzufolge besteht die Möglichkeit zur Einsichtnahme, ja der Spieler bestätigt mit der Unterzeichnung des Spielervertrages, Gelegenheit zur Kenntnisnahme der Satzungen und Reglemente gehabt zu haben. Soweit nur die Form der Übernahme Gegenstand der Untersuchung ist, ergeben sich dann keine Probleme, wenn der Spieler von der Einsichtnahme Gebrauch macht und die Statuten und Reglemente liest. Unterlässt es der Spieler, die in Art. 4 lit. a—e SV genannten Reglemente zu lesen, stellen sich verschiedene Rechtsfragen. Man darf wohl mit Fug annehmen, dies sei die Regel, denn das Studium des Regelwerks erforderte eine Zeitspanne, die bei Vertragsverhandlungen, welche hauptsächlich finanziellen Aspekten gewidmet sind, einfach nicht zur Verfügung steht.

Der Sachverhalt der blossen Verweisung auf weitere Bestimmungen wird in der Praxis gleich behandelt, wie "der Haupttatbestand der ungelesen unterzeichneten

---

52 Grundlegend dazu Rehbinder M., AGB und die Kontrolle ihres Inhalts, Berlin, 1972.
53 Guhl/Merz/Kummer, S. 119.
54 Schönenberger/Jäggi, N. 498 zu Art. 1 OR, Guhl/Merz/Kummer, S. 119, E. Auer, a.a.O.,
    S. 15, Merz H., AGB S. 148.
55 BGE 49 II 185, Guhl/Merz/Kummer, S. 119.
56, 57 Schönenberger/Jäggi, N. 499 zu Art. 1 OR.
58 Gespräch mit dem Geschäftsführer der NL Albin Kümin.

Urkunde" (59). "Wer ein Schriftstück unterzeichnet und damit einem andern eine Erklärung abgeben will, ohne sich um den Inhalt zu kümmern, muss diese gegen sich gelten lassen, sofern nicht dem Empfänger bekannt war oder nach den Erfahrungen des Lebens vernünftigerweise bekannt sein musste, dass der Erklärungsinhalt nicht gewollt sei." (60) Allgemeine Geschäftsbedingungen, die der Spieler ungelesen unterschrieben hat, werden dann zum Vertragsinhalt, wenn die andere Vertragspartei annehmen durfte, die Erklärung des Spielers entspreche dessem wahren Willen (61). Die Verbindlichkeit einzelner Vertragsklauseln, wie sie hier untersucht wird, ist auch an der Vermutung der diktierenden Partei auf den Willen des Spielers zu messen (62).

An dieser Stelle kehren wir zurück zur Ungewöhnlichkeitsregel. Ist nämlich eine Klausel ungewöhnlich, so darf die diktierende Partei nicht annehmen, sie entspreche dem Willen der Gegenpartei (63) (gemeint ist der Spieler). Würde man zum Schluss gelangen, die Freigabeerklärung für einen neuen Vertragsschluss bzw. die Sperre seien als Bestandteile eines Arbeitsvertrages "ungewöhnlich", so würde der Vertrag an einem offenen Dissens leiden (64). Die in solchen Fällen geforderte Offenbarungspflicht (65) wäre verletzt, weil der Spieler nicht ausdrücklich auf die Klausel hingewiesen worden wäre oder die Klausel durch die äussere Gestaltung nicht deutlich in die Augen spränge. (66) Die Missachtung dieses Erfordernisses berechtigte den Spieler zur Einrede aus Art. 2 ZGB (67).

Wie ist die Ungewöhnlichkeitsregel zu interpretieren? Im Sinne der von der Rechtsprechung entwickelten Regel wird untersucht, "ob der Inhalt der ungelesenen AGB ganz oder teilweise so aus dem zu erwartenden Rahmen falle, dass der Erklärende nicht damit habe rechnen müssen, ohne vom Vertragspartner eigens darauf aufmerksam gemacht worden zu sein" (68). Ungewöhnlich bedeutet "mit etwas als Vertrags-

---

59 BGE 32 II 286, 54 I 74 f./Merz H., AGB, S. 148/Oftringer K., Festgabe Simonius, S. 263/ Auer E., a.a.O., S. 13/14.
60 So in ständiger Rechtsprechung das Bundesgericht in BGE 64 II 357 und 76 I 350. Oftringer K., Festgabe Simonius, bezeichnet die verpflichtende Kraft der ungelesen unterzeichneten Urkunde als einen Satz des Gewohnheitsrechts (S. 266).
61 Auer E., a.a.O., S. 14.
62 Auer E., a.a.O., S. 15.
63 Merz H., Berner Kommentar, N. 173 zu Art. 2 ZGB.
64 Auer E., a.a.O., S. 15.
65 Oftringer K., Festgabe Simonius, S. 270.
66 Auer E., a.a.O., S. 15.
67 Oftinger K., Festgabe Simonius, S. 270. Differenzierter Merz H., AGB, S. 156: "Art. 2 ZGB kommt nicht vertragskorrigierende Bedeutung zu; es vermag vor allem Richtlinien für die Auslegung und Ergänzung von Verträgen zu geben. Korrigierende Eingriffe sind aber auf Grund des Rechtsmissbrauchverbotes möglich."
68 Merz H., AGB, S. 148. Als ungewöhnlich hat das Bundesgericht "den Ausschluss der Deckung von Explosions- und Feuerschäden in der Betriebshaftpflichtversicherung eines Steinbruchunternehmens" (BGE 51 II 230), "die im Bankkreditvertrag versteckte Bürgschaftsklausel" (BGE 49 II 185) sowie die "Pfandklausel für alle noch erlaufenden Verbindlichkeiten" (BGE 51 II 281) bezeichnet: Bei Auer E., a.a.O., S. 16.

44

inhalt nicht rechnen müssen" (69). Ungewöhnlich heisst aber nicht unbillig (70). Sind die fraglichen Transferbestimmungen, allen voran das Erfordernis der Freigabe für einen Vereinswechsel und Abschluss eines neuen Spielervertrages sowie die zwei- bzw. dreijährige Sperre als in einem Arbeitsvertrag integrierte Bestimmungen ungewöhnlich? Hat der Spieler damit rechnen müssen, dass Bestimmungen dieses Inhalts zum Vertragsinhalt werden? Der Spielervertrag unterscheidet sich in seiner Art sicher nicht von einem Arbeitsvertrag, wie er im Geschäftsverkehr allgemein üblich ist. Wollte man daraus schliessen, es sei ungewöhnlich, dass ein Arbeitnehmer nach Kündigung oder Ablauf des Arbeitsvertragsverhältnisses nur mit Zustimmung des bisherigen Arbeitgebers ein neues Vertragsverhältnis eingehen dürfe? Soviel wir sehen, stellt der Spielervertrag in dieser Beziehung eine Ausnahme dar. Welcher Branche sonst sind derart strenge Bestimmungen eigen? Doch nicht dieser objektive Blickwinkel trägt zur Lösung des Problems bei. Entscheidend ist, ob die fraglichen Bestimmungen für den *vertragsschliessenden Spieler* ungewöhnlich sind. Als typisches Beispiel für die Ungewöhnlichkeit werden AGB genannt, die deutlich von der Verkehrssitte abweichen (71). Gerade das Gegenteil trifft aber hier zu. Für den Verein besteht genügend Anlass, anzunehmen, der Spieler kenne die fraglichen Bestimmungen von Art. 4 SV. Es dürfte sich kaum ein Spieler finden, der die im Fussballsport "übliche" Sperre nicht kennt. Der Verein darf annehmen, dass der Spieler gerade diese wesentlichen Usanzen, die in seiner Branche gelten, "von Berufs wegen kennt" (72). Dies bedeutet nun aber nicht, dass dieser Satz immer dann gilt, wenn AGB Verkehrssitten enthalten (73). Im Einzelfall wäre wohl zu prüfen, ob der Verein tatsächlich zu Recht annehmen durfte, die Verkehrssitte sei dem einzelnen Spieler bekannt (74). Man ist jedoch versucht, nicht nur die Verkehrssitte zu bejahen und damit die Ungewöhnlichkeit der fraglichen Regeln zu verneinen, sondern sie darüber hinaus als "notorisch" zu bezeichnen (75). Unser Sachverhalt unterscheidet sich wesentlich vom im Geschäftsleben sonst üblichen Anwendungsbereich der AGB, weil sich die dort gebräuchlichen AGB an einen unbestimmten Kundenkreis richten, der über die Usanzen der betreffenden Branche ganz unterschiedliche Kenntnisse aufweist. Wenn in solchen Fällen verlangt wird, dass "an die Lebenserfahrung

---

69 Merz H., AGB, S. 151.

70 Auer E., a.a.O., S. 15. Merz H., AGB, S. 151 versteht Unbilligkeit im Sinne "eines Missverhältnisses von Leistung und Gegenleistung".

71 So bei Auer H., a.a.O., S. 15 und Naegeli W., Allgemeine Geschäftsbedingungen, Diss. Zürich 1951, S. 156.

72 Naegeli W., a.a.O., S. 156 hält dafür, dass der Unternehmer die in AGB niedergelegten Verkehrssitten als dem Kunden bekannt voraussetzen darf, wenn auf zur Zeit des Vertragsschlusses tatsächlich geltende Handelsusanzen verwiesen wird. Diese Regel gilt aber nicht uneingeschränkt (vgl. S. 157).

73, 74 Naegeli W., a.a.O., S. 157.

75 "Notorisch" ist als Gegenbegriff zu "ungewöhnlich" zu verstehen. In dem Sinne, dass es sich um eine offenkundige, allgemein bekannte Tatsache handeln muss. Diese Definition findet sich bei C. Creifelds, Rechtswörterbuch, München 1968, S. 737.

dieser Kunden ausserhalb ihrer gewöhnlichen Berufstätigkeit keine zu grossen Anforderungen gestellt werden dürfen" (76), so scheint dies gerechtfertigt. Nur jene AGB erlangen Geltung, "die so auf Massenverkehr eingestellt sind, dass ihre Klauseln ganz allgemein gebräuchlich und die Kenntnis davon in breite Schichten dringt, die fortan mit ihrer Anwendung zu rechnen gewohnt sind" (77). Diese Aussage lässt sich auch in dem Sinne umschreiben, dass "notorische" AGB in diesem Rahmen Geltung erlangen. Eines so weitreichenden Schutzes bedarf der Spieler allerdings nicht. Es hiesse die Wirklichkeit verkennen, würde man nicht annehmen, dass alle am Fussballsport Beteiligten den Inhalt der besprochenen Regeln kennen (78). Dies betrifft nicht nur den Verband und die Vereine, sondern gilt im gleichen Masse auch für die Spieler. Es ist auch nicht verwegen, noch einen Schritt weiter zu gehen und zu erklären, dass die Klauseln einer recht breiten Öffentlichkeit, nämlich in "Fussballerkreisen ganz allgemein", bekannt sein dürften. Gedacht ist an die unzähligen Anhänger des Fussballsports, die als Aussenstehende nicht zur Branche gehören. In diesem Sinne können die AGB tatsächlich als "notorisch" bezeichnet werden.

Zusammenfassend ist festzuhalten, dass die Form der Übernahme der AGB nicht zu beanstanden ist. Die AGB sind selbst dann als in den Spielervertrag integrierte Bestimmungen zu betrachten, wenn der Spieler sie nicht gelesen hat.

Dieses Ergebnis steht sicherlich im Einklang mit dem geltenden Recht, wenngleich wir meinen, dass die an der Vertragsgestaltung nicht beteiligte Partei eines erhöhten Schutzes bedürfte (79). Diese Forderung ist im vorliegenden Fall umso mehr berechtigt, als eine Vertragspartei (Spieler) nicht nur an der Beschlussfassung der Statuten und Reglemente und der besprochenen Klauseln nicht beteiligt war, sondern auch deshalb, weil die diktierende Partei ein Verband mit Monopolstellung ist. (80) Wie leicht wird dieser doch geneigt sein, eine einseitige Interessenwahrung vorzunehmen. Eine Spielergewerkschaft könnte einen willkommenen Kräfteausgleich bringen.

Die Untersuchung in diesem Abschnitt beschränkte sich auf die Frage, ob das Freigabeverfahren "ungewöhnlich" im umschriebenen Sinne sei. Doch nicht nur einer unkorrekten Form der Übernahme versagt die Rechtsprechung ihre Anerkennung, ungültig sind auch freiheitsbeschränkende Regeln (81). Es bleibt einem nach-

76 Raiser L., Das Recht der AGB, S. 201 meint damit, "die ungegliederten Verbrauchermassen, das grosse Publikum".

77 Raiser L., a.a.O., S. 201.

78 Vgl. dazu BGE 91 II 358 ff. Die Bestimmungen gelten, "soweit die Vertragsschliessenden sie durch übereinstimmende Willensäusserung zum Vertragsinhalt machten". Eine solche Übereinstimmung darf im vorliegenden Fall vermutet werden.

79 Guhl/Merz/Kummer, S. 119.

80 Es sei auf die von der deutschen Rechtsprechung entwickelte Theorie des Monopolmissbrauchs verwiesen. Behandelt bei Auer E., a.a.O., S. 19–22: "Die AGB wurden als unsittlich betrachtet, wenn der Unternehmer eine wirtschaftliche Monopolstellung einnahm und diese für die Durchsetzung seiner AGB missbrauchte. Die schweizerische Praxis hat sich der Monopoltheorie nie angeschlossen."

81 Schönenberger/Jäggi, N. 500 zu Art. 1 OR.

folgenden Abschnitt vorbehalten, zu untersuchen, wie weit eine Sperre von zwei oder drei Jahren generell vor Art. 27 ZGB stand hält. Sind die Klauseln in ihrer Allgemeinheit mit Art. 27 ZGB vereinbar, dann werden sie Vertragsbestandteil. Schmälern sie die Rechtswahrung des Spielers und beschneiden sie deshalb die persönliche Freiheit in unzulässiger Weise, so bliebe ihnen die rechtliche Geltung versagt (82).

d) Die Transfersumme

Die Transfersumme, auch Ablösesumme genannt, spielt beim Spielerwechsel eine bedeutende Rolle. Der abgebende Verein fordert in der Regel vom übernehmenden eine bestimmte Summe. Sogenannte Gratistransfers (83) sind in der Praxis recht selten. Die Einigung der beiden Clubs über die Höhe der Transfersumme muss als die wichtigste Voraussetzung für den Übertritt überhaupt bezeichnet werden. Der neue Arbeitgeber hat an den bisherigen Verein eine bestimmte Summe zu entrichten, will er die Leistungen des Arbeitnehmers für sich in Anspruch nehmen. Die Statuten und Reglemente der NL enthalten keine Bestimmung, die den neuen Verein verpflichtet, eine Transfersumme zu bezahlen. Sie stellt somit keine statutarische Verpflichtung der Mitgliedervereine dar, aber sie ist im Fussballsport zur Usanz geworden. Ihre Höhe richtet sich nach dem "Marktwert" des Spielers. Je höher die Leistungen eines Spielers auf dem "Transfermarkt" eingestuft werden, umso mehr wird sein Verein für die Freigabe fordern. Man könnte den Eindruck gewinnen, die Transfersumme betreffe einzig die beiden Vereine. Dies trifft zur Hauptsache auch zu, wenn man bedenkt, dass der alte Verein die Höhe der Ablösesumme festsetzt und der neue Verein die Forderung begleicht. Der Spieler ist in diesen Verhandlungen der unbeteiligte Dritte. Das Reglement betreffend die Begrenzung der Spielerentgelte und Transfersummen sieht aber in Art. 4 eine Beteiligung des Spielers an der Transfersumme vor. Ihm steht der sogenannte Transfersummenanteil zu. Die neueste Regelung billigt dem Spieler, der in einen NL-A Verein übertritt, max. Fr. 10'000.— zu. Aus einem Transfer in einen NL-B Verein dürfen ihm höchstens Fr. 3'000.— zufliessen. (84)

Während im schweizerischen Fussballsport die Ablösesumme zur Usanz geworden ist, verpflichtet Paragraph 28 Ziff. 1 des Bundesligastatuts jenen Bundesligaverein, der einen Spieler unter Vertrag nimmt, *grundsätzlich* zur Zahlung einer Ablösesumme. "Grundsätzlich" bedeutet, dass der abgebende Verein auf seinen bestehenden Anspruch verzichten kann (85). Wenn die Reglemente der NL die Ablöse-

---

82 Schönenberger/Jäggi, N. 500 zu Art. 1 OR.
83 Darunter wird die Freigabe eines Spielers verstanden, ohne dass der alte Verein vom übernehmenden Verein eine Ablösesumme fordert.
84 Die bisherige Regelung (Art. 4 Ziff. 1 Regl. zur Begr. der TS vom 5. Mai 1972) sah einen Anteil des Spielers von höchstens 1/10 der Transfersumme vor.
85 Samstag P., Der Spielerwechsel im bezahlten Fussball, Diss. Giessen 1970, S. 104.

summe nicht zur mitgliedschaftlichen Pflicht erheben, so heisst das nicht, das Regelwerk schweige sich über die Transfersumme schlechthin aus. Die NL hat ein Reglement erlassen, das die Spielerentgelte und Transfersummen begrenzt (86). Genannt seien nur Art. 4 des Reglementes (limitiert den Transfersummenanteil des Spielers) und die Art. 11—16 des Reglementes (begrenzen die Transfersummen für die Vereine und die Zuwendungen an die Spieler).

Wenn wir im folgenden versuchen, die Ablösesumme rechtlich zu qualifizieren, so sollen die Untersuchungen in der Bundesrepublik wegleitend sein. Das System der Ablösesumme ist ohne Zweifel geeignet, den Spieler über das übliche Mass an den Arbeitsvertrag zu binden (87). Die Stellung des Arbeitgebers wird dadurch gestärkt, dass er den Spieler nur gegen Bezahlung einer bestimmten Summe einem neuen Arbeitgeber überlassen muss. Auf das Abhängigkeitsverhältnis des Spielers zum Verein wurde bereits im Zusammenhang mit den kartellrechtlichen Fragen hingewiesen (88). Westermann (89) bewertet denn auch das System als "ein geradezu klassisches Beispiel für eine objektive Zulassungsbeschränkung zu einem Beruf" (90). Selbst wenn der Arbeitsvertrag des Spielers "abgelaufen, aufgehoben oder wirksam gekündigt ist" (91), darf der Spieler nicht ohne weiteres ein neues Arbeitsverhältnis begründen. Die Entrichtung der Ablösesumme bleibt Voraussetzung für einen neuen Vertragsschluss.

Die Idee, bei der Transfersumme handle es sich um eine Aufwandentschädigung, wird mit dem Hinweis verworfen, für die Leistung des Vereins gebe der Spieler ja seine Arbeitskraft als Gegenleistung (92). Dieser Auffassung ist beizupflichten, zumal der Spieler mit guten Leistungen direkt dazu beiträgt, dass dem Verein Mehreinnahmen aus steigenden Zuschauerzahlen zufliessen.

Die Transfersumme als Ausbildungsentschädigung aufzufassen, hält wiederum vor der Praxis nicht stand. Am ehesten wäre eine derartige Qualifizierung denkbar bei einem Spieler, dem die Grundkenntnisse des Fussballspiels in den Juniorenmannschaften eines Vereins vermittelt wurden und der später als bestandener "Erstteamler" den Verein verlässt. Es trifft sicher zu, dass die Nachwuchsförderung den meisten Vereinen schwere finanzielle Lasten aufbürdet, denkt man, abgesehen von einem gezielten Aufbau und Training, nur an die Kosten, die der Juniorenspielbetrieb mit sich bringt. Wer aber könnte den Wert eines Spielers nach Abschluss der Ausbildung in Zahlen ausdrücken? Hört die Ausbildung eines Fussballers überhaupt je auf? Es

---

86 Gemeint ist das schon öfters zitierte Reglement betr. die Begrenzung der Spielerentgelte und Transfersummen.
87 Gleiche Meinung: Samstag P., a.a.O., S. 105.
88 Vgl. vorne S. 30.
89 Verbandsstrafgewalt, S. 96. Westermann fordert deshalb die Abschaffung der Transfersummen.
90 Ausführlicher dazu nachfolgend S. 60 ff.
91 Westermann H.P., Verbandsstrafgewalt, S. 95.
92 Samstag P., a.a.O., S. 105.

wäre schwierig, wenn nicht gar unmöglich, im Einzelfall die Ausbildung des Spielers in Zahlen zu fassen, denn sein Wert richtet sich immer nach dem "Marktwert", der im Laufe einer Fussballerkarriere verschiedene Höhen und Tiefen erreichen kann. Was müsste mit einer als Ausbildungsentschädigung bezahlten Transfersumme geschehen, wenn der transferierte Spieler beim neuen Verein nicht annähernd so gut zur Geltung kommt wie in der bisherigen Mannschaft? Würde dies bedeuten, eine weitere Ausbildung hätte nicht vermittelt werden können, weshalb eine Ablösesumme nicht gerechtfertigt war? Diese Fragen zeigen deutlich, dass es nicht leicht ist, objektive Kriterien für die Festlegung dieser Summe zu finden. Der Bewertung als Ausbildungsentschädigung liefe auch entgegen, dass nicht nur der abgebende Verein vom Transfer profitiert, sondern auch der transferierte Spieler, der höchstens die in Art. 4 (Regl. zur Begr. der TS) genannten Summen erhalten darf, einen Vermögensvorteil erwartet. Im "Anhang" zum Spielervertrag wird unter der Bezeichnung "Ausserordentliche Vermögensleistungen" der Transfersummenanteil erwähnt. Der Anteil des Spielers ist jedoch, verglichen mit der Gesamtsumme, als gering zu bezeichnen. Die Beteiligung des Spielers bezweckt denn auch nur, die durch den Übertritt eventuell entgangenen Treueprämien auszugleichen. Ein NL-A Spieler kommt erstmals nach der dritten Saison, ein NL-B Spieler nach der vierten Saison beim gleichen Club in den Genuss der Treueprämie (Art. 5 Reg. zur Begr. der TS). Liesse sich also ein NL-A Spieler nach der dritten Saison beim gleichen Club transferieren, so ginge er der Treueprämie verlustig. Der Transfersummenanteil gestattet ihm, den Verlust wettzumachen. Die finanzielle Beteiligung ist aber auch nicht Grund genug, von der Meinung abzurücken, die Transfersumme sei *Entgelt des neuen Vereins für die Freigabe durch den bisherigen Verein.* (93) Wir stehen somit vor der seltenen Situation, dass sich ein Arbeitnehmer nach Ablauf des Arbeitsvertrages "taxieren" lassen muss. Sein "Marktwert" wird bestimmt. Nur wenn der neue Arbeitgeber bereit ist, die geforderte Summe zu bezahlen, kann der Spieler ein neues Arbeitsverhältnis begründen.

Welches mögen die Gründe sein, die eine Transfersumme rechtfertigen? Der Verein trägt selbst nicht unwesentlich dazu bei, dass der Spieler seinen "Marktwert" steigern kann. Wird ein Spieler in der Mannschaft geschickt eingesetzt, so stellen sich seine Erfolge nicht nur auf dem Spielfeld ein. Es bietet sich auch die Möglichkeit, ausserhalb des Spielfeldes mit seiner Person zu werben. Dies verschafft ihm finanzielle Vorteile, die nur mittelbar mit seiner sportlichen Tätigkeit zusammenhängen, was sicher zum Teil das Verdienst des Vereins ist. Erwähnenswert ist weiter die Tatsache, dass die Organisation der Meisterschaft eine conditio sine qua non der Entgeltlichkeit von Spielerleistungen ist. Erst dank der Verbandsorganisation und damit der Organisation des Spielbetriebes wird es dem Spieler ermöglicht, seine Begabung materiell zu verwerten. Zwei Gründe sind damit genannt, die das System der Transfersumme begreiflicher machen sollen.

---

93 Diese Meinung steht im Gegensatz zu Horschitz H., Vereinsstrafe, Betriebsstrafe, Vertragsstrafe, Diss. Heidelberg 1970, S. 20, Anm. 40.

Die Frage drängt sich auf, ob Unternehmer einer Branche vereinbaren dürfen, dass sie bei Abwerbung von Arbeitnehmern einander eine bestimmte Summe zahlen. Gegen die Abwerbung von Arbeitskräften an sich ist grundsätzlich nichts einzuwenden (94). Ebensowenig ist stossend, dass die Vereine für die Übernahme eines Arbeitnehmers Ablösesummen entrichten. Sie treffen damit innerhalb ihrer Branche eine Regelung, die bezweckt, einer zügellosen Abwerbung von Arbeitnehmern entgegen zu wirken. Der Arbeitnehmer wird von einer derartigen Regelung nicht nachteilig betroffen. Es liegt sicher im Interesse eines jeden Berufsverbandes auch arbeitsmarktliche Ziele zu verwirklichen (95). Gegen das System der Transfersumme kommen rechtliche Bedenken solange nicht auf, als die Vereine untereinander die Ablösesumme *für die Abwerbung* des Spielers entrichten. Nun erschöpft sich aber das System nicht darin, dass der neue Verein eine bestimmte Summe entrichtet. Auch wenn der Spieler von sich aus den Transfer wünscht, also nicht "abgeworben" wird, und der neue Verein bereit ist, eine Ablösesumme in beliebiger Höhe zu bezahlen, bedarf es zur Gründung eines Vertragsverhältnisses die Freigabeerklärung des abgebenden Vereins. Ein Spieler kann nur mit der bedingungslosen und ordnungsgemässen Freigabe seines Vereins in einen andern NL-Verein übertreten (Art. 6 QR). Das Freigabeverfahren spielt sich aber nicht mehr zwischen den Vereinen ab, sondern betrifft unmittelbar den Spieler. Seine Handlungsfreiheit wird dadurch nicht unwesentlich eingeengt. Die Auswirkungen der notwendigen Einwilligung des alten Vereins lassen die Frage nach der Rechtmässigkeit dieser Verbandsvorschriften aufkommen, weil das Freigabeverfahren die Möglichkeit eines Boykotts in sich birgt. An den Erörterungen über den Schutz der Persönlichkeit (Art. 28 ZGB) wird zu messen sein, ob die Bestimmungen nicht zu nachhaltig in das Recht auf freie wirtschaftliche Betätigung einschneiden. (96)

Demgegenüber sind Untersuchungen (97) in der Bundesrepublik zum Ergebnis gelangt, dass das System der Ablösesumme keine Berechtigung hat. Westermann nennt das System unvereinbar mit Art. 1, 2 GG (98), Samstag (99) betrachtet es als "Verstoss gegen die Rechtsordnung im allgemeinen".

---

94 Von Büren B., Wettbewerbsgesetz, N. 53 zu Art. 1 UWG S. 61. Unzulässigkeit der Abwerbung ist die Ausnahme: N. 55–57 zu Art. 1 UWG, S. 62.
95 Vgl. BGE 73 II 76.
96 Vgl. hinten S. 72.
97 Jene von Samstag P., a.a.O., S. 106 ff. und Westermann H.P., Verbandsstrafgewalt, S. 96.
98 Art. 1, 2 GG: Das deutsche Volk bekennt sich darin zu unverletzlichen und unveräusserlichen Menschenrechten als Grundlage jeder menschlichen Gemeinschaft des Friedens und der Gerechtigkeit in der Welt.
99 A.a.O., S. 108. Was damit gemeint ist, führt er leider nicht aus.

II.   Verbandsstrafe oder Vertragsstrafe?

1.   Vorbemerkungen

Dass der Spieler bei einem bestimmten Verhalten bestraft werden kann, ist den Reglementen zu entnehmen. Ausführlich dargelegt ist dies im Sachverhalt. (100) Zur Behandlung steht hier nur die Sperre (2 bzw. 3 Jahre), die den Spieler treffen kann, wenn er ohne Freigabeerklärung einen Vereinswechsel vornehmen möchte. Alle übrigen Strafen, wie sie das ungebührliche Verhalten auf dem Spielfeld gegenüber Gegnern und Schiedsrichter zur Folge hat, Verstösse gegen clubinterne Vorschriften und Verstösse gegen Spielregeln (101) interessieren nicht.

Zwei Sachverhalte sind hier zu unterscheiden. Nach Ablauf des Arbeitsverhältnisses beabsichtigt der Spieler, den Verein zu wechseln. Der alte Verein ist damit nicht einverstanden. Die Folge ist, dass der Spieler den Transfer nicht vollziehen kann und keine Spielberechtigung für den neuen Verein bekommt. Art. 3 QR schreibt vor, dass diejenigen Spieler sofort die Spielberechtigung in der NL erwerben, die in den letzten zwei Jahren kein Verbandsspiel in der NL, kein Spiel in einer Amateurliga oder in einem ausländischen Verband ausgetragen haben. Zwei Jahre bleibt der Spieler vom Spielbetrieb ausgeschlossen, bis er gemäss Art. 3 QR "freier Spieler" wird.

Schliesst der Spieler mit einem Verein, für den er nicht spielberechtigt ist, einen Vorvertrag oder einen Arbeitsvertrag, so trifft ihn die Sanktion von Ziff. 7 NA-Statut. Dieselbe Strafe, nämlich drei Jahre Sperre, nimmt der Spieler auf sich, wenn er einen Arbeitsvertrag abschliesst, bevor der bisherige Verein schriftlich sein Einverständnis mit dem Austritt erklärt hat (Ziff. 7 Abs. 2 NA-Statut). Eine bereits erteilte Spielberechtigung wird in diesem Fall wieder aufgehoben (Abs. 3).

2.   Die Vertragsstrafe (Konventionalstrafe) (102)

a)   Voraussetzungen

"Man kann die Konventionalstrafe als die Abrede definieren, dass für den Fall der Nichterfüllung oder nicht richtigen Erfüllung einer Schuldpflicht der Schuldner eine bestimmte Leistung, regelmässig Geldzahlung, zu erbringen habe" (103). Sie ist im

---

100 Siehe vorne, S. 8 ff.
101 Vgl. dazu das kürzlich erschienene Buch von Max Kummer, Spielregel und Rechtsregel, Abhandlungen zum schweizerischen Recht, Heft 426, Bern 1973.
102 Art. 160–163 OR.
103 Guhl/Merz/Kummer, S. 486. Engel P., Traité des obligations en droit suisse, S. 578 umschreibt die Vertragsstrafe wie folgt: "C'est une convention accessoire par laquelle le débiteur promet au créancier une prestation pour le cas d'inexécution, d'exécution imparfaite ou tardive de son obligation."

Verkehr "namentlich bei schwer durchsetzbaren Verpflichtungen (Konkurrenzverbote, Verbandsbindungen und dergleichen) oder bei voraussichtlich schwierigem Schadensnachweis anzutreffen" (104). Die Leistung des Schuldners besteht also in einer Geldstrafe (105). Der Wortlaut des Gesetzes lässt eine andere Auslegung nicht zu: Art 161 Abs. 2 OR spricht vom "Betrag der Strafe" und Art. 163 Abs. 1 OR erlaubt den Parteien, die Konventionalstrafe in "beliebiger Höhe" zu vereinbaren. (106) Auch die Expertenkommission hat es abgelehnt, "den Begriff der Konventionalstrafe auf alle vom Schuldner übernommenen Nachteile auszudehnen". (107) Inhalt der Konventionalstrafe ist eine Leistung (108), die in der Regel an den Gläubiger geht; sie kann jedoch auch einem Dritten zukommen. (109) Nicht notwendigerweise muss die Konventionalstrafe durch Vertrag, d.h. durch zweiseitiges Rechtsgeschäft, vereinbart werden (110), auch Statutenbestimmungen können Konventionalstrafen begründen. (111) Auch Formularverträge oder die Bezugnahme auf AGB können Rechtsgrundlage für die vereinbarten Konventionalstrafen sein. (112) Der Schuldner unterwirft sich stillschweigend den Geschäftsbedingungen, in denen die angedrohte Strafe enthalten ist. (113)

b)   Anwendung auf den Sachverhalt

Wenn wir davon ausgehen, dass der Spieler sich im Art. 4 SV den AGB unterwirft (114), so anerkennt er damit auch Art. 3 und 6 QR und Ziff. 7 NA-Statut. Der Vereinbarung durch Bezugnahme auf AGB steht nichts im Wege. Die Strafe für die Verletzung der erwähnten Bestimmungen ist eine mehrjährige Sperre. Der Rechtsnachteil bzw. die Strafe besteht nicht in einer Geldsumme. Der Spieler wird von zukünftigen Spielveranstaltungen ausgeschlossen, ohne dass er an seinen alten Verein eine Leistung zu erbringen hätte. Selbst wenn der Arbeitsvertrag fristgerecht gekündigt

104 Von Büren B., S. 408.
105 Von Tuhr/Siegwart, S. 721, ausnahmsweise kann sie auch in einer anderen Leistung bestehen, so BGB Art. 342.
106 Oser/Schönenberger, Zürcher Kommentar, N. 6, Vorbemerkungen zu Art. 160 OR, a.M. Schoch W., Begriff, Anwendung und Sicherung der Konventionalstrafe, Diss. Bern 1935, S. 95: "Die Strafe in Form von Geld ist kein Wesensmerkmal der Konventionalstrafe." Dieser Ansicht ist nicht zu folgen.
107 Oser/Schönenberger, Zürcher Kommentar, N. 3 vor Art. 160 OR, bestätigt in BGE 80 II 132 Erw. 3, von Tuhr/Siegwart, Anm. 23, S. 724.
108 Becker H., OR, N. 5 zu Art. 160 OR; von Tuhr/Siegwart, S. 724; Guhl/Merz/Kummer, S. 486; Schoch W., a.a.O., S. 12; Oser/Schönenberger, Zürcher Kommentar, N. 6 zu Art. 160 OR.
109 Von Thur/Siegwart, S. 724.
110 Becker H., OR, N. 2 zu Art. 160 OR.
111 Becker H., OR, N. 2 zu Art. 160 OR.
112 Horschitz H., a.a.O., S. 114.
113 Von Tuhr/Siegwart, S. 723; Becker H., OR, N. 4 zu Art. 160 OR.
114 Vgl. vorne S. 38 ff.

oder abgelaufen ist, muss der Spieler mit einer Strafe rechnen. Unabhängig von der Erfüllung oder Nichterfüllung des Vertrages werden Strafen ausgesprochen, so könnte man vermuten. Zutreffend ist dies jedoch nicht. Die Anerkennung des "Sportrechts" der NL durch den Spieler bewirkt, dass er sich auch mit dem Freigabeverfahren nach Ablauf oder Kündigung des Arbeitsvertrages einverstanden erklärt. Die nicht richtige Erfüllung des Vertrages wäre darin zu erblicken, dass der Spieler ohne Einwilligung des bisherigen Vereins in einen andern übertritt. Die unterschiedlichen Lehrmeinungen (115) erleichtern die Entscheidung, ob hier eine Vertragsstrafe vorliege, keineswegs. Wir meinen aber, dass der Gesetzestext eine klare Antwort gibt. Aus ihm ist zu schliessen, dass nur eine Geldsumme Inhalt der Vertragsstrafe sein kann. Eine Leistung, wie sie der Konventionalstrafe eigen ist, erbringt der Spieler nicht. Nicht eine bestimmte Geldsumme entrichtet der Spieler, das "Urteil" lautet auf zwei oder drei Jahre Entzug der Spielberechtigung. Der Spieler muss Nachteile in Kauf nehmen, wie sie die Expertenkommission (116) ausdrücklich ausschliessen wollte. Die Strafe spricht den Entzug eines Rechtes aus, das Recht nämlich, für den Verein an den Spielveranstaltungen teilzunehmen.

Mit dem geltenden Recht unvereinbar wäre auch die Schiedsgerichtsklausel in Art. 9 SV, die den ordentlichen Richter bei Streitigkeiten über die Anwendung von Ziff. 14–16 des NA-Statuts ausschliesst. Art. 163 OR ist zwingendes Recht, auf das Herabsetzungsrecht einer Konventionalstrafe durch den Richter kann nicht verzichtet werden. (117) Dem Spieler müsste — läge eine Konventionalstrafe vor — die Gelegenheit gegeben werden, vor dem ordentlichen Richter eine Herabsetzung geltend zu machen.

Zusammenfassend ist festzustellen, dass die Sperre nicht Vertragsstrafe im Sinne von Art. 160–163 OR sein kann. Selbst wenn man annähme, der Spieler verletze nicht vertragliche, sondern statutarische festgelegte Pflichten, so könnten an sich die Bestimmungen über die Konventionalstrafe trotzdem angewendet werden. (118). Aus besagtem Grund ist dies nicht möglich. Naheliegend wäre die Lösung, die Sperre als Verwirkungsklausel aufzufassen. Aus der Mitgliedschaft in einem Verein erwachsende Rechte können durch ein bestimmtes Verhalten verwirkt werden. Mitglieder der NL sind aber nur die Vereine, nicht die bestraften Spieler (Art. 6 NL-Statuten). Ausgeschlossen ist es deshalb, eine Verwirkungsklausel anzunehmen. Die deutsche Literatur (119) nimmt an, dass die Sperre als Verwirkungsklausel vertrags-

---

115 Oser/Schönenberger, Zürcher Kommentar, N. 6 Vorbemerkungen zu Art. 160 OR und wohl auch Guhl/Merz/Kummer, S. 486 sehen in der Geldsumme ein Wesensmerkmal der Vertragsstrafe. Andere Meinung: Schoch W., a.a.O., S. 95 und Engel P., S. 578: "Le plus souvent, elle (Konventionalstrafe) est fixée en argent."

116 Oser/Schönenberger, Zürcher Kommentar, N. 3 zu Art. 160 OR, BGE 80 II 132 Erw. 3: "..., dass nach geltendem Recht die Übernahme eines andern Rechtsnachteils als einer Geld- oder sonstigen Leistung nicht den Bestimmungen über die Konventionalstrafe untersteht."

117 Schoch W., a.a.O., S. 100.

118 BGE 80 II 132 Erw. 3.

119 Horschitz H., S. 143; Erman-Westermann, Anm. 1 zu Art. 342, Anm. 4 vor Art. 339 BGB.

mässiger Rechte anzusehen sei, doch sind eben die Spieler in Deutschland durch den sogenannten Lizenzvertrag (120) mit dem DFB in Rechtsbeziehung. Dies erklärt die unterschiedliche Wertung der beiden Systeme.

3. Die Verbandsstrafe (121)

a) Die Rechtsgrundlage

Wenn man von Strafen spricht, so meint man "Feststellung und Vollstreckung des staatlichen Strafanspruchs gegen kriminelles Unrecht" (122). Da die Aussperrung des widerspenstigen Spielers nicht durch staatliche Autorität sanktioniert ist, "liegt es auf der Hand, dass die Verhängung von Vereins- oder Verbandsstrafen durch 'Rechtsorgane' privater Personenzusammenschlüsse tatsächlich und rechtlich völlig anders geartet ist". (123) Westermann (124) bemerkt richtig, dass der Gerichtsbarkeit von Wirtschaftsverbänden, Handelsorganisationen, politischen Parteien, Gewerkschaften und Sportverbänden grosse soziale Bedeutung zukomme. Was hier für die BRD gesagt ist, gilt in gleichem Mass auch für die Schweiz. Der Trend dieser Organisationen geht dahin, Streitigkeiten wenn möglich abschliessend "in den eigenen vier Wänden" zu erledigen. Diese nicht ungefährliche Entwicklung weckt ähnliche Bedenken wie die sogenannte Betriebsstrafe. (125)

Jedes Mitglied eines Vereins oder eines Verbandes tritt in ein "höchstpersönliches Rechtsverhältnis" ein, woraus sich Rechte und Pflichten verschiedener Art ergeben. (126) Der Einhaltung dieser Pflichten dienen die sogenannten Vereinsstrafen. (127) Eine echte Strafgewalt kann aber einem privaten Verein nicht zukommen, nur ein öffentlichrechtlicher Verband kann dieses Recht für sich in Anspruch nehmen. (128) Wenn bemerkt wird, dass private Körperschaften eine Strafgewalt zukomme, so kann es sich nur um eine disziplinarische handeln (129), denn sie dient der Innehaltung von bestimmten Regeln einer Gruppe. Eine Bestrafung im technischen Sinne

120 Samstag P., a.a.O., S. 71.
121 Vgl. dazu grundlegend Guldener M., Die Gerichtsbarkeit der Wirtschaftsverbände, ZSR 71, 1952, S. 208 a ff.
122 Westermann H.P., Verbandsstrafgewalt, S. 30.
123 Westermann H.P., Verbandsstrafgewalt, S. 30.
124 A.a.O., S. 30 und dort zit. Autoren.
125 Grundlegende Dissertationen: Prüfer R.D., Die betrieblichen Sanktionen gegenüber dem Arbeitnehmer nach deutschem Recht, Diss. St. Gallen 1972 und Roser A., Die Betriebsstrafe, Diss. Zürich 1969.
126 Horschitz H., a.a.O., S. 32; von Tuhr, S. 548.
127 Egger A., Zürcher Kommentar, N. 10 zu Art. 71 ZGB
128 Egger A., Zürcher Kommentar, N. 10 zu Art. 71 ZGB. Däniker A., Wesen und Äusserungen der Körperschaftsgewalt bei privaten Verbänden, Diss. Zürich 1922, S. 86
129 Daeniker A., a.a.O., S. 86.

kann die Körperschaft nicht vornehmen; Zwangsrechte stehen ihr keine zu. (130)
Nur die Gruppenangehörigen sind der besonderen Rechtsordnung unterworfen. (131)
Durch den Beitritt zum Verein haben sie sich der Satzung unterworfen, anerkennen
sie die Bestimmungen der Statuten und damit wird "das Gruppenrecht für sie verbindlich" (132). Grundlage der Vereinsstrafe sind die mitgliedschaftlichen Pflichten
(133). Ferner ist erforderlich, dass die Strafen ihren Ausdruck in den Statuten finden. (134)

Die Rechtsnatur der Vereins- oder Verbandsstrafe scheint in der Literatur noch
nicht genügend geklärt zu sein. (135) Die Ansichten darüber gehen stark auseinander.
Der Streit dreht sich um die Frage, ob die in den Statuten festgehaltenen Strafen
Konventionalstrafen nach Art. 160 ff. OR sind oder nicht. (136) Es würde den Rahmen dieser Untersuchung sprengen, wollten wir in diese Diskussion eingreifen. Die
Lösung dieser Frage würde insofern kein anderes Ergebnis bringen, als "der Grossteil
derjenigen Autoren, welche die Vereinsstrafe, ohne sie als Konventionalstrafe zu
bezeichnen, doch dem Privatrecht unterstellen und die Vorschriften der Konventionalstrafe auf sie angewendet wissen wollen". (137)

b)   Private Strafgewalt der Verbände?

Gerade weil die Verbände es als selbstverständlich erachten, private Strafgewalt ausüben zu dürfen und nie nach der Legitimation gefragt wird, muss diese Frage gestellt
werden. Auch in der Literatur ist den Verbänden nicht durchwegs die Berechtigung
zugesprochen worden, mit einer privaten Vereinsstrafgewalt eigene Gerichtsbarkeit
auszuüben. Richtungweisend für eine kritische Betrachtung soll die Stellungnahme
von Flume (138) sein. Dass es sich bei der zu beurteilenden Strafe nicht um eine
reine Verbandsstrafe handelt, kann vorweg gesagt werden. Dennoch trägt die Sperre
"alle Züge des privaten Strafens". (139) Flume geht davon aus, dass die vom deutschen Recht den Vereinen in Art. 25 BGB eingeräumte Satzungsgewalt nicht die Be-

---

130 Daeniker A., a.a.O., S. 87.
131 Meyer-Cording, Vereinsstrafe, S. 137, sowie dort zit. Autoren: Anm. 1: Gierke, Oertmann,
    von Tuhr, Staudinger-Coing.
132 Meyer-Cording, Vereinsstrafe, S. 137; Horschitz H., a.a.O., S. 36.
133 Horschitz H., a.a.O., S. 38 sowie die in Anm. 23 zit. Autoren.
134 Heini A., S. 552.
135 Schoch W., a.a.O., S. 92; Heini A., S. 552; Kummer Max, Gutachten, S. 42.
136 Bejahend: Egger A., N. 10 zu Art. 71 ZGB: "Dies ist die Auffassung des Gesetzes (Art. 634
    OR und Art. 7), der Lehre (Becker, von Tuhr) und der Rechtsprechung (Bl. zürch. Recht 24
    N. 10)." Verneinend: Heini A., S. 552, Meyer-Cording, Vereinsstrafe, S. 53 ff. und nach
    Heini das Bundesgericht in BGE 80 II 133.
137 Schoch W., a.a.O., S. 92.
138 Flume W., Die Vereinsstrafe, in Festschrift für E. Bötticher, S. 101 ff.
139 Westermann H.P., Verbandsstrafgewalt, S. 39.

fugnis enthalte, im Namen der Vereinsgewalt zu strafen. (140) Nach Auffassung dieses Autors kann den Vereinen lediglich das Recht zuerkannt werden, die Mitgliedschaft durch einseitigen Ausschluss zu beenden; eine Disziplinarkompetenz, die sich in Vermögens- oder gar Ehrenstrafen äussert, billigt er dem Verein nicht zu.

Das schweizerische Vereinsrecht ist getragen "vom Gedanken der privatrechtlichen Vereinsfreiheit". (141) Daraus fliesst die Freiheit der inneren Gestaltung (Art. 63), die ihren Niederschlag in den selbstgegebenen Statuten findet. So gesehen ist das "Satzungsrecht" der Mitglieder vergleichbar mit der Satzungsgewalt (142) des deutschen Rechts. Dass eine Strafgewalt ohne weiteres aus der Satzungsgewalt fliesst, versteht sich keineswegs von selbst. (143) Es ist an sich nichts dagegen einzuwenden, dass ein Verein Mitglieder ausschliessen darf, die dem idealen Zweck zuwiderhandeln. Anders verhält es sich jedoch, wenn das Mitglied mit einer über die Ausschliessung hinausgehenden Strafe (wirtschaftlicher Nachteil, Unwerturteil) (144) belegt wird. Stossend schiene Flume, wenn hier "eine weitgehend unüberprüfbare Strafgewalt eingeräumt würde". (145) Richtig bemerkt er weiter, eine solche Strafgewalt sei nur vertretbar gegenüber einem mit rechtsstaatlichen Rechtsschutzgarantien ausgestatteten Strafverfahren. (146) Immerhin wird man nach der hier vertretenen Meinung fragen, ob es denn keine Möglichkeit der Durchsetzung privatautonomer Verbandspflichten gebe. Mit Westermann (147) würden wir annehmen, dass die Disziplinargewalt nur soweit gehen kann, als der von allen Mitgliedern verfolgte ideale Zweck Disziplinierungsmassnahmen erfordert. Einer Erweiterung dieser Schranke wäre dann zuzustimmen, wenn das Verfahren Gewähr böte, dass dem Betroffenen nicht nur verbandseigene Instanzen offenstehen.

Die schärfste Massnahme im Bereiche des Transfers ist der Entzug der Spielberechtigung für 3 Jahre. Die Fragen, die sich in diesem Zusammenhang stellen, sind zahlreich. Handelt es sich bei dieser Sperre um eine blosse Disziplinierung des Spielers oder fällt der Verband ein Unwerturteil? (148) Gibt das Privatrecht überhaupt Wege zu derartigen Gestaltungen? (149) Gestattet das Privatrecht, "durch Vertrag oder kollektivrechtliche Unterwerfung die Rechtsmacht zum Aussprechen eines Unwerturteils zu verleihen"? (150) Eine private Strafgewalt anzuerkennen bedeutet, das absolute staatliche Strafmonopol zu leugnen (151). Die Darlegungen in diesem

---

140 So bei Westermann H.P., Verbandsstrafgewalt, S. 39.
141 Egger A., Zürcher Kommentar, N. 2 zu Art. 60 ZGB.
142 Art. 25 BGB: Die Verfassung eines rechtsfähigen Vereins wird, soweit sie nicht auf den nachfolgenden Vorschriften beruht, durch die Vereinssatzung bestimmt.
143 So auch Westermann H.P., Verbandsstrafgewalt, S. 41.
144 So auch Westermann H.P., Verbandsstrafgewalt, S. 40.
145 Westermann H.P., Verbandsstrafgewalt, S. 41.
146 Flume W., Vereinsstrafe, S. 114.
147 Westermann H.P., Verbandsstrafgewalt, S. 43.
148 Westermann H.P., Verbandsstrafgewalt, S. 42.
149, 150 Westermann H.P., Verbandsstrafgewalt, S. 42.
151 Westermann H.P., Verbandsstrafgewalt, S. 43; Schlosser, Vereinsgerichtsbarkeit, S. 52 ff.

Abschnitt sollten dazu dienen, die Problematik der privaten Strafgewalt darzustellen. Eine Stellungnahme dazu wird im Nachgang zur "Anwendung auf den Sachverhalt" erfolgen (152).

c) *Anwendung auf den Sachverhalt*

Zur Diskussion steht der einleitend zu diesem Abschnitt geschilderte Sachverhalt. Die 3-jährige Sperre findet ihren Niederschlag in Ziff. 7 NA-Statut. Die 2-jährige Sperre, ein wenig verklausuliert und als solche kaum zu erkennen, findet sich in Art. 3 QR. Sowohl das Qualifikationsreglement wie auch das Nichtamateur-Statut sind Reglemente der "Nationalliga", einer Abteilung des SFV (Art. 1 NL-Statuten). Sie gelten für die Mitglieder der NL. Mitglieder der NL sind gemäss Art. 6 NL-Statuten die 28 ihr angehörenden Vereine. Für die Vereine sind die Statuten und Reglemente verbindlich, d.h. die Einhaltung wird zur mitgliedschaftlichen Pflicht. Es kann kein Zweifel bestehen, dass dem Verband gegenüber den Vereinen eine Disziplinarstrafgewalt zukommt, soweit sie zur Einhaltung des in Art. 3 NL-Statuten (153) genannten Zweckes notwendig ist. Die Fragestellung dieser Abhandlung bezieht sich aber nicht auf die Verbandsstrafgewalt im allgemeinen. Hier soll nur geklärt werden, ob die Sperre des transferwilligen Spielers als Verbandsstrafe zu betrachten ist. Zwei Sachverhalte sind getrennt zu behandeln: Es wurde bereits darauf hingewiesen, (154) dass nicht alle Spieler Mitglieder desjenigen Vereins sind, der sie durch einen Arbeitsvertrag verpflichtet hat. Dass die Spieler nicht Mitglieder der NL sind, geht aus den NL-Statuten (Art. 6) hervor. Der Spieler kann Mitglied seines Vereins sein, aber niemals der NL. (155)

aa) Besprechen wir zuerst jenen Fall, in welchem der Spieler *Mitglied* des Vereins ist, für den er tätig ist. Es bietet sich folgende Rechtslage: Der Verein ist Mitglied der NL, der Spieler Mitglied in einem Verein gemäss Art. 60 ff. ZGB. Eine Rechtsbeziehung zwischen Spieler und NL besteht nicht, wenn wir von der Erlaubniserteilung der Spielberechtigung absehen. Aus dieser Erlaubniserteilung lässt sich keine Rechtsbeziehung herleiten, der Verband hat seine Stellung kraft seiner Monopolstellung (156)

152 Vgl. S. 59 f.
153 Art. 3 NL-Statuten: ... Abs. 2: Sie (NL) regelt die Übertritte innerhalb der Nationalliga. Abs. 3: Sie wahrt und fördert die gemeinsamen Interessen der ihr angehörenden Vereine und sucht die Qualität des schweizerischen Fussballsports allgemein zu heben ...
154 Vgl. vorne S. 18.
155 Zur Klärung der Terminologie werden die folgenden Ausdrücke unterschieden. Wenn wir von "Nichtmitgliedschaft des Spielers" sprechen, so meinen wir Nichtmitglied im Verein, für den er spielt. Die "Nichtmitgliedschaft im Verband" (NL) wird durch den Zusatz "im Verband" verdeutlicht.
156 Auch der SATUS (Schweiz. Arbeiter Turn- und Sportverband) organisiert Fussball-Sportveranstaltungen, doch kommt im *bezahlten Fussballsport* die Monopolstellung tatsächlich der NL zu.

inne, im Einverständnis mit den Mitgliedern. Die NL wird im Zweckartikel (Art. 3 Abs. 2 NL-Statuten) ermächtigt, die Übertritte innerhalb der Nationalliga zu regeln. Dies bedingt, dass sie Reglemente erlässt, denen die Mitgliedervereine von Mitgliedschafts wegen unterworfen sind, (157) und die sie deshalb in ihrem Bereich zu befolgen haben. Es ist zweifellos nichts dagegen einzuwenden, wenn der Verband den Mitgliedvereinen solche Pflichten auferlegt (158). Es kann nur im Interesse aller Mitgliedvereine liegen, wenn sich die Übertritte nach einem einheitlichen Verfahren abwickeln.

Im folgenden müssen die Bestimmungen, die bei der Abwicklung eines Transfers irgendwie eine Rolle spielen sowie die sie sicherstellenden Strafbestimmungen behandelt werden. Wenn der Spieler Mitglied des Vereins ist, könnte man sagen, die Vereine unterwerfen die Spieler denjenigen Bestimmungen, denen sie als Mitglieder der NL selbst unterstellt sind. Könnte man nicht sagen, eine Unterwerfung des Spielers sei deshalb nicht notwendig, weil eigentlich die Vereine "gesperrt" werden, nicht freigegebene Spieler zu beschäftigen? Sicher gilt die Voraussetzung der Freigabeerklärung durch den alten Verein für beide Parteien und beide werden von der Regelung betroffen. Der Verein allerdings hat nach wie vor die Möglichkeit, sich auf dem "Transfermarkt" nach einem andern Spieler umzusehen, während der Spieler keine Wahlmöglichkeit hat. Die Sperre wirkt sich also faktisch beim Spieler aus.

Aus dem bereits Gesagten (159) geht eindeutig hervor, dass eine Verbandsstrafe im eigentlichen Sinn nicht vorliegen kann. Von einer solchen könnte nur gesprochen werden, wenn der Spieler in irgendeiner mitgliedschaftlichen Beziehung zum Verband stünde. "Er unterliegt nicht der auf der Satzung beruhenden Strafgewalt des Verbandes." (160) Rechtlich problemlos ist aber die Forderung des Verbandes gegen die Mitgliedervereine, die Vorschriften beim Übertritt zu beachten und die Forderung desselben Inhalts der Mitgliedvereine gegen seine Spieler. (161) Die Vereine nehmen eine Art Vermittlerstellung ein, sie werden zwischen Verband und Spieler eingeschaltet, um die Unterwerfung, die sie durch mitgliedschaftliche Pflicht anerkennen, auch auf die Spieler auszudehnen. Würden die Vereine die Sanktionen in ihre eigenen Statuten aufnehmen, dann wäre der Spieler als Mitglied diesen Bestimmungen unterworfen. Westermann (162) nennt diese Konstruktion "genuine Form der Vermittlungsbestimmungen". Die NL verpflichtet die Vereine auf die NL-Statuten und verfolgt hierbei das Ziel, auch auf die Spieler die Sportrechtsordnung der NL zu übertragen (Art. 4 und 5 NL-Statuten). Der Schluss ist erlaubt, dass die statutarischen Bestimmungen "rechtsgültige und durchsetzbare mitgliedschaftliche Rechte und Pflichten begründen" (163). Gegen die Form der Unterwerfung des

---

157 Kummer Max, Gutachten für SFV vom 16.10.1972, S. 13, N. 20.
158 So auch Kummer, Gutachten S. 13, N. 21.
159 Vorne S. 56.
160 Meyer-Cording, Vereinsstrafe, S. 138.
161 Kummer Max, Gutachten, S. 16.
162 Westermann H.P., Verbandsstrafgewalt, S. 36.
163 Kummer Max, Gutachten, S. 17.

Spielers unter die Verbandsgewalt kann nichts eingewendet werden. Die Frage ist nur die, ob sich die Strafbestimmungen dazu eignen, den Verbandszweck zu fördern. Die Schranke für die mitgliedschaftlichen Pflichten hat sich an den Grenzen der Privatautonomie, Sittlichkeit und des Rechts zu orientieren. (164) Zur Förderung des Verbandszweckes gehört sicherlich eine einheitliche Handhabung der Übertrittsbestimmungen; ob auch die angedrohten Strafen den Verbandszweck fördern, ist fraglich. Dieses Problem wird hier nicht erörtert. Ziel dieses Abschnittes war es, die Strafe zu charakterisieren und festzustellen, ob der Spieler überhaupt ihr unterworfen sei. Die Prüfung der Rechtmässigkeit ihres Inhalts ist der nachfolgenden Untersuchung vorbehalten (165).

bb) Wie aber bietet sich die Rechtslage dar, wenn der Spieler *Nichtmitglied* ist? Die Vermittlerstellung des Vereins muss in diesem Sachverhalt entfallen. Da der Spieler weder Mitglied im Verband der NL noch Mitglied im Verein ist, könnte man es mit dem Hinweis bewenden lassen, er unterliege keiner Strafgewalt, wenn nicht – um mit Meyer-Cording (166) zu sprechen – ein Blick in die Praxis uns eines besseren belehren würde. Die Tatsache, dass die Verbände Nichtmitglieder massregeln, ja sogar bestrafen, verlangt eine einlässlichere Würdigung (167).

Verschiedene Autoren nehmen an, in der blossen Teilnahme an Vereinseinrichtungen sei die automatische Unterwerfung von Nichtmitgliedern unter die Strafgewalt zu erblicken (168). Das Mittel zur Bestrafung ist der Boykott (169). Als Boykotthelfer treten die Mitglieder des Verbandes, die Vereine, auf. Nachdem der Verband dem betreffenden Spieler die Spielberechtigung entzogen hat, sind die Vereine gehalten, den Spieler nicht mehr zu beschäftigen. Ob allerdings die Solidarität wirklich so weit ginge, wenn dies nicht zur mitgliedschaftlichen Pflicht erhoben wäre, ist zumindest fraglich. Der Entzug der Spielberechtigung soll für den Spieler "Strafe" sein, er soll dem Spieler ein Übel zufügen, weil er die "von der Gruppe propagierte Lebensordnung" (170) nicht beachtet hat. Die Forderung der Gruppe besteht darin, keinen Arbeitsvertrag zu schliessen, solange nicht der bisherige Verein schriftlich sein Einverständnis gegeben hat. "Aus der Gruppenüberzeugung entnimmt der Verband die Legitimation, diese Ahndung auch gegenüber Aussenstehenden durchzuführen, weil er die Ordnung für alle Berufsstandsgenossen als verbindlich ansieht." (171) Wenn der Verband die Macht besitzt – und die NL besitzt sie dank ihrer Mo-

---

164 Kummer Max, Gutachten, S. 13.
165 Vgl. hinten S. 66 ff.
166 a.a.O., S. 138. So auch Guldener M., a.a.O., S. 217 a.
167 Vgl. die zahlreichen Beispiele, in welchen Verbände Nichtmitglieder mit den verschiedensten Strafen belegt haben bei Meyer-Cording, Vereinsstrafe, S. 138.
168 Westermann H.P., Verbandsstrafgewalt, S. 35 sowie in Anm. 27 zit. Autoren.
169 Meyer-Cording, Vereinsstrafe, S. 139.
170 Meyer-Cording, Vereinsstrafe, S. 139.
171 Meyer-Cording, Vereinsstrafe, S. 140.

nopolstellung – so kann er die Strafgewalt auch auf Nichtmitglieder ausdehnen. Seine überragende Stellung erlaubt es ihm, "soziologisch eine Straffunktion zu erfüllen" (172), obwohl rechtlich eine solche Möglichkeit nicht bestünde.

Die Frage der Zulässigkeit eines Boykotts hat die deutschen Gerichte wiederholt beschäftigt. Die Abwägung "der kollektiven Belange der boykottierenden Gruppe einerseits und die Interessen des boykottierten Individuums andererseits" führte gewöhnlich dazu, dass die Rechtsprechung den Boykott billigte (173). Voraussetzung ist allerdings, dass die von der boykottierenden Gruppe angestrebten Ziele von der Warte der Allgemeinheit aus gebilligt werden (174).

Die Rechtmässigkeit des Boykotts orientiert sich in schweizerischem Recht an Art. 28 ZGB (175). Die Schlussfolgerung über die hier zur Diskussion stehende Strafe muss lauten: Auch ein Nichtmitglied ist der Strafgewalt des Verbandes unterworfen, auch wenn dem Verband jede rechtliche Grundlage fehlt. Die Monopolstellung des Verbandes gibt die Macht, auch über Nichtmitglieder Strafen zu verhängen (176). Entscheidend ist jedoch, dass der Verband die Strafen nicht nur aussprechen, sondern gegen Nichtmitglieder auch durchsetzen kann. Der Durchgriff auf Aussenstehende ist die faktische Auswirkung seiner Monopolstellung.

d) Eigene Ansicht

Fassen wir die Ergebnisse unter lit. c zusammen, dann stellen wir fest, dass der Verband seine Strafgewalt auf die Spieler ausdehnt, gleichgültig, ob sie Mitglieder oder Nichtmitglieder des Vereins sind. Die Bedenken, die gegen eine solche Aufoktroyierung bestehen, können nicht übersehen werden. Zwar wird man grundsätzlich sagen müssen, dass die Spieler nicht eigentlich "Aussenstehende", sondern "typische Gruppenmitglieder" sind (177), was aber Unbehagen verursacht, ist die harte Bestrafung (max. 3 Jahre Ausschluss von den Spielveranstaltungen) (178). Wenn wir dem Verband eine private Disziplinargewalt zubilligen – um mehr kann es sich nicht handeln – so muss die ausgesprochene Strafe noch mehr erstaunen. Sie bedeutet für den bezahlten Fussballer weit mehr als nur eine Disziplinierung. Die Strafe bewirkt einen materiellen Nachteil für die Zeit der Sperre. Der Einkommensverlust ist keineswegs gering zu schätzen, wenn man weiss, dass der Spitzenspieler den überwiegenden Teil seines Einkommens aus der sportlichen Tätigkeit erzielt. Wenn wir uns einmal ver-

172 Meyer-Cording, Vereinsstrafe, S. 141. Guldener M., a.a.O., S. 215a/216a.
173, 174 Meyer-Cording, Vereinsstrafe, S. 142.
175 Vgl. hinten S. 69 ff.
176 Im Ergebnis gleich: Guldener M., a.a.O., S. 217 a.
177 Siehe auch Westermann H.P., Verbandsstrafgewalt, S. 38.
178 Meyer-Cording, die Rechtsnormen, spricht in diesem Zusammenhang von einer Unterwerfung durch "akzeptierte institutionelle Norm" oder "Wahlnorm", S. 47.

gegenwärtigen, welches Verhalten des Spielers der Bestrafung zu Grunde liegt, so wird die Strafdrohung geradezu unverständlich. Nur weil ein Spieler sich einen neuen Arbeitgeber sucht und mit diesem den Arbeitsvertrag schliesst, oder weil er nicht abgewartet hat, bis der bisherige Verein die Freigabe erteilt hat, wird ihm für 3 Jahre die Spielberechtigung entzogen oder eine bereits erteilte wird aufgehoben. Die Frage, die sich förmlich aufdrängt, ist, weshalb der Spieler am härtesten bestraft wird. Da es sich um einen Vertragsschluss handelt, sind ja 2 Parteien beteiligt, der Spieler *und* der neue Verein. Warum wird nicht der Verein mit einer Strafe belegt, der oft die treibende Kraft in Richtung Vertragsschluss darstellt? Oder sollte man die Tatsache, dass auch der Verein mit dem "gesperrten" Spieler nicht abschliessen darf, als Bestrafung des Vereins werten? Dieses Argument schlägt jedoch nicht durch, weil alle Vereine von der Sperre gleichermassen betroffen werden. Keiner der Mitgliedvereine der NL wird einen gesperrten Spieler verpflichten können. Die Nachteile des Spielers wiegen deshalb ungleich schwerer.

Auch der deutsche Bundesgerichtshof (179) ist der Ansicht, dass sich die Mitglieder mit dem Beitritt zwar der Verbandsstrafgewalt unterwerfen, schränkt aber ein, dass "der Verein von ihr nicht in der Weise Gebrauch machen darf, dass dies offensichtlich der Billigkeit widerspricht". Wieviel anders wäre doch ein Verhalten eines Spielers zu qualifizieren, der durch unsportliches Verhalten auf dem Spielfeld oder durch den "Verkauf von Spielen" dem Fussballsport Schaden zufügt! Wäre nicht dann eine "Bestrafung" eher der Zweckbestimmung des Fussballsports entsprechend? Es trifft nicht zu, dass sich die Spieler freiwillig der Verbandsstrafgewalt unterwerfen, die Monopolstellung des SFV bzw. der NL schliesst die Freiwilligkeit geradezu aus. Will ein Spieler den bezahlten Fussballsport ausüben, muss er zwangsläufig die Spielberechtigung der NL erlangen. Als Mitglied seines Vereins oder Nichtmitglied untersteht er der Strafgewalt des Verbandes. Auch die Art der Unterwerfung ist nicht dazu angetan, die Bedenken gegenüber einer Sperre auszuräumen.

C. Die Sperre – ein Berufsverbot?

I. Versuch einer Lösung in der Bundesrepublik Deutschland (1)

Ausgangspunkt ist das im Grundgesetz verankerte Grundrecht der freien Berufswahl (2). Die Fragestellung muss also lauten: Ist der Deutsche Fussballbund (DFB) als eingetragener Verein (e.V.) und privater Zusammenschluss an das Grundrecht gebunden, m.a.W. wird der DFB als Verband von der Drittwirkung erfasst? Das Bundesverfassungsgericht führt dazu aus, dass in erster Linie gerade die Verbände

179 BGHZ 47, 385.
  1 Behandelt bei Westermann H.P., Verbandsstrafgewalt, S. 84–99,
  2 Art. 12 GG.

erfasst werden sollten (3). So betrachten denn auch namhafte Autoren den DFB als an die Grundrechte gebunden (4).

Art. 12 Abs. 1 GG enthält zwei Grundsätze: Die Freiheit der Berufs*wahl* (Art. 12 Abs. 1, erster Satz GG) und die Freiheit der Berufs*ausübung* (Art. 12 Abs. 1, zweiter Satz GG) (5). Diese auch dem schweizerischen Recht bekannten Begriffe bedürfen einer kurzen Erklärung. (6) Freiheit der Berufswahl heisst, dass "der Bewerber den erstrebten Beruf unbeeinflusst von fremdem Willen frei soll wählen können" (7). Zur Freiheit der Berufsausübung zählt "die gesamte berufliche und gewerbliche Tätigkeit" (8). Dazu sei vermerkt, dass die beiden Begriffe sich nicht derart trennen lassen, "dass jeder für sich nur eine bestimmte zeitliche Phase des Berufslebens bezeichnete" (9). Zwangsläufig überschneiden sich die beiden Phasen (10). In einem ersten Schritt prüft Westermann (11), "ob die Verbandsstrafen Berufsausübungsregelung oder Berufswahlregelung sind". Lautet die Entscheidung im Sinne der zweiten Auslegung, so ist weiter zu untersuchen, ob "objektive Zulassungsbeschränkungen" (12) oder "subjektive Erfordernisse der Berufsaufnahme" aufgestellt werden (13). Objektiv ist die Voraussetzung, wenn die Zulassung mit der persönlichen Qualifikation des Bewerbers nichts zu tun hat und deren Erfüllung nicht in seiner Macht liegt (14). Wollte der Verband solche Beschränkungen aufstellen, bedürfte es unabdingbar einer gesetzlichen Ermächtigung (15). Das Erfordernis einer Lizenz für die Ausübung des Berufsfussballsports bedeutet einen Eingriff in die Berufswahl und nicht lediglich in die Berufsausübung, weil sich die Lizenz als Zulassungssperre auswirkt (16). Für die vorliegende Arbeit von besonderem Interesse sind die Erörterungen von Westermann über den Lizenzentzug. Der Entzug der Spielberechtigung entfaltet die gleiche Wirkung wie die Sperre in der NL (17). Der DFB unterscheidet "eine zeitlich begrenzte Sperre" und einen "Lizenzentzug, der notwendig unbefristet ist" (18). Bedenklich nennt Westermann das "Recht" des Verbandes, einem Spieler die Lizenz zu entziehen, "der durch seine Lebensführung das Ansehen des

---

3 BVerfGE vom 9. Mai 1972. Nipperdey C., Grundrechte und Privatrecht, S. 21.

4 Westermann H.P., Verbandsstrafgewalt, S. 89 und dort zitierte Autoren.

5 Hamann/Lenz, Kommentar zu Art. 12 GG, S. 253.

6 Vgl. dazu Gygi F., Die schweizerische Wirtschaftsverfassung, S. 361; Marti H., HGF, S. 66 ff.

7 BVerwGE 2/93.

8 Hamann/Lenz, Kommentar zu Art. 12 GG, S. 264.

9, 10 Hamann/Lenz, Kommentar zu Art. 12 GG, S. 258.

11 a.a.O., S. 90.

12 Hamann/Lenz, Kommentar zu Art. 12 GG, S. 259.

13 Westermann H.P., Verbandsstrafgewalt, S. 90.

14 Hamann/Lenz, Kommentar zu Art. 12 GG, S. 259.

15 Westermann H.P., Verbandsstrafgewalt, S. 93: Der Verband kann durch privatrechtliche Verträge (gemeint ist der Lizenzvertrag mit den Vertragsparteien DFB und Spieler) keine Beschränkungen der Berufswahl durchsetzen, nicht einmal "subjektive Zulassungsbeschränkungen".

16 Westermann H.P., Verbandsstrafgewalt, S. 92: Diese Ansicht ist nicht unbestritten. Vgl. die bei Westermann, a.a.O., S. 92 in Anm. 32 zitierten Autoren.

17 Vgl. vorne S. 8.

18 Westermann H.P., Verbandsstrafgewalt, S. 96.

Fussballsportes schädigt" (19). Als unzulässig, weil objektive Zulassungsbeschränkung ohne gesetzliche Grundlage, werden beurteilt die Ablösesumme, der Lizenzentzug, wenn sich der Spieler "anderer als der amtlichen Arbeitsvermittlung bedient" (20), sowie die "lebenslängliche" Sportstrafe (21). Zur letzteren sei bemerkt, dass vor allem das *Verfahren*, "das dem eines staatlichen Strafprozesses nachgebildet ist", zu dieser Wertung geführt hat (22). Unparteilichkeit, wie sie bei Entscheidungen über derart wichtige Fragen vorauszusetzen wäre, darf einem Interessenverband nicht zugemutet werden. Es geht dem Autor keineswegs darum, den DFB der Mittel zu berauben, derer er zur Erfüllung seiner Aufgaben bedarf, doch wird eine Lösung sicher nicht durch allmächtiges Regieren des Verbandes, sondern "nur durch eine gewisse 'Verrechtlichung' der Verbandsstrafgewalt gelingen" (23).

Die Darstellung des Lösungsversuches konnte verständlicherweise nur fragmentarisch bleiben, doch in den Grundzügen ist eine Meinung wiedergegeben worden, deren Grundton sich mit dem in dieser Arbeit vertretenen deckt.

II. Drittwirkung der Handels- und Gewerbefreiheit Art. 31 BV

Im Gegensatz zum Grundrecht der freien Berufswahl (Art. 12 GG) im deutschen Grundgesetz kennt die schweizerische Bundesverfassung keine ausdrückliche Garantie der Berufswahlfreiheit. Das Bundesgericht hat aber das Grundrecht der Handels- und Gewerbefreiheit (HGF) dahingehend konkretisiert, dass "unter den Schutz der HGF jede gewinnstrebige berufliche Tätigkeit fällt, einschliesslich wissenschaftliche Berufsarten und die Tätigkeiten, die der Unterhaltung des Publikums dienen" (24). Dass auch der Fussballspieler eine gewinnstrebige berufliche Tätigkeit ausübt, kann nicht bestritten werden. Ob er den Fussballsport haupt- oder nebenberuflich betreibt, spielt für die Beurteilung des Sachverhalts keine Rolle. In beiden Fällen übt der Vertragsspieler eine durch die HGF geschützte Erwerbstätigkeit aus. (25) So weit bietet sich für die Anwendbarkeit von Art. 31 BV keine Schwierigkeit.

19 Westermann H.P., Verbandsstrafgewalt, S.95.
20 Paragraph 25 Ziff. 3 des Bundesligastatuts: "Die Spielerlaubnis ist zu versagen, wenn der Spieler im Falle einer Vermittlung nicht die Dienste der amtlichen Arbeitsvermittlung in Anspruch genommen hat."
21 Westermann H.P., Verbandsstrafgewalt, S. 95/96.
22 Westermann H.P., Verbandsstrafgewalt, S. 95/96.
23 Westermann H.P., Verbandsstrafgewalt, S. 98.
24 So auch Marti H., HGF, S. 66. BGE 63 I 213 ff., 90 I 159 ff.; Wespi K., Die Drittwirkung der Freiheitsrecht, Diss. Zürich 1968, S. 60: "Art. 31 BV gewährleistet insbesondere den freien Zugang zu einer privaten Erwerbstätigkeit und die freie Ausübung der gewählten Tätigkeit."
25 Vgl. vorne S. 36; Marti H., HGF, S. 59.

Die Bestrafung des Spielers wird durch den Verband ausgesprochen. Eine privatrechtliche Körperschaft verbietet also einem Subjekt des Privatrechts, einen bestimmten Beruf für bestimmte Zeit auszuüben. Damit könnte eigentlich die Untersuchung
mit dem Hinweis beendet werden, dass verfassungsmässige Rechte nur das Verhältnis des Bürgers zur Staatsgewalt, nicht aber Beziehungen der Privatpersonen unter
sich betreffen (26), wenn nicht in jüngster Zeit vor allem in der Rechtslehre, aber
auch zaghafter in der Rechtsprechung des Bundesgerichts, die Frage einer Drittwirkung der Grundrechte geprüft worden wäre. Drittwirkung der HGF würde bedeuten,
dass sich ein Privater auf Art. 31 BV berufen könnte, wenn er sich durch ein Privat-
rechtssubjekt in seinen verfassungsmässigen Rechten verletzt fühlt. Anstoss zur Fragestellung nach einer Drittwirkung der Grundrechte hat im wesentlichen die Zunah-
me der ausserstaatlichen Machtkonzentration gegeben (27). Vor allem die organisierten Interessengruppierungen, "bei denen sich in der sozialen Wirklichkeit weithin un-
kontrollierte soziale Macht zusammenballt", haben bewirkt, dass sich der Einzelne
in mancher Hinsicht in einem "staatsähnlichen Unterworfenheitsverhältnis" befindet (28). Ähnlich ist die Stellung eines Spielers, der ein vorgegebenes System von
Vorschriften anerkennen muss, will er an den Spielveranstaltungen der NL teilnehmen. Wie sehr gleichen sich doch in der Wirkung die Berufsverbote (29), die das
Strafrecht unter bestimmten Voraussetzungen als Nebenstrafe ausfällt und die Berufsverbote, die ein Verband aussprechen kann.

Wie weit ist eine Drittwirkung der HGF in der Lehre und der Rechtsprechung
anerkannt? Eignet sich gerade das Grundrecht der HGF, um eine Drittwirkung zu
erzeugen? Es kann nicht Aufgabe dieser Abhandlung sein, in den Theorienstreit zwischen direkter und indirekter Drittwirkung einzugreifen (30), zumal sich der überwiegende Teil der schweizerischen Doktrin für den mittelbaren Weg der Grundrechts-
wirkung ausgesprochen hat (31). Zur Diskussion stehen kann hier nur die Frage,
wie weit von der Rechtsprechung eine Drittwirkung im Bereiche der HGF anerkannt
wird und welche Konsequenzen deren Bejahung hat. Das Bundesgericht entschied
in BGE 62 II 100, dass "das verfassungsmässige Recht der Handels- und Gewerbefreiheit nur das Verhältnis des Bürgers zur Staatsgewalt, nicht die Beziehungen der
Privatpersonen unter sich betreffe". Demnach könnte also Art. 31 BV weder mittelbar noch unmittelbar von Privaten gegenüber andern Privaten angerufen werden (32).

---

26 BGE 78 II 31, 62 II 100, 75 II 309.
27 Müller J.P., Die Grundrechte der Verfassung und der Persönlichkeitsschutz des Privatrechts,
   S. 161.
28 Müller J.P., S. 161, S. 168 Anm. 2: Müller J.P. bejaht die Drittwirkung vor allem im Verbandsrecht.
29 Art. 54 StGB.
30 Dafür grundlegend Müller J.P., S. 169 ff.
31 Merz H., ZSR 81, S. 416; Müller J.P., S. 170; Bundesgericht schwankend: bei Müller J.P.,
   S. 153 Anm. 4; Wildhaber L., in ZBl S. 467; Jäggi P., in ZSR 79 II, 218a ff.; Widmer Max, Die
   Gewerbefreiheit nach schweizerischem und die Berufsfreiheit nach deutschem Recht, Diss.
   Bern 1967, S. 17.
32 Saladin P., Grundrechte im Wandel, S. 264.

In jüngeren Entscheiden (33) scheint jedoch das Bundesgericht von einer Verneinung jeglicher Drittwirkung bis zu einem gewissen Grad abzurücken. Zwar bestätigt das Gericht vorerst seine frühere Auffassung, mildert sie dann aber, indem es ausführt, Art. 31 BV lasse erkennen, dass die schweizerische Wirtschaft auf freiem Wettbewerb beruhe (34). "Dieser darf nicht durch private Abmachungen ausgeschaltet werden. Jeder hat nicht nur das Recht, an ihm teilzunehmen, sondern soll sich dabei auch nach den Grundsätzen des freien Wettbewerbs benehmen können, d.h. in der Lage sein, seine wirtschaftliche Tätigkeit so zu organisieren, wie ihm beliebt. Das sind Auswirkungen seiner Persönlichkeit (Art. 28 ZGB)." (35) Mit diesem Entscheid stellt das Bundesgericht den inneren Zusammenhang zwischen privatrechtlicher und verfassungsrechtlicher Wirtschaftsfreiheit her (36). Das Bundesgericht geht noch einen Schritt weiter und anerkennt der verfassungsmässigen Grundrechtsgarantie eine "konstitutive Rechtswirkung" (37) zu, d.h. es dehnt die Rechtswirkungen auch auf die Rechtsbeziehung zwischen Privaten aus (38). Dies wird im zitierten Urteil (39) wie folgt festgehalten: "Wer durch kollektive Massnahmen darauf ausgeht, die Teilnahme eines andern am Wettbewerb dauernd oder vorübergehend zu verunmöglichen oder dem andern die Bedingungen aufzuzwingen, unter denen er soll teilnehmen können, greift in seine persönlichen Verhältnisse ein, verletzt sein privates Recht auf HGF ... Wer jemanden boykottiert, trachtet darnach, ihn auf dem Wege organisierten Zwanges als Mitbewerber zu massregeln, zu vernichten, zu verdrängen oder zu unterwerfen. Das darf er nicht tun."

Dass sich der Spieler, wenn er mit einer Sperre belegt wird, auf die HGF gemäss Art. 31 BV berufen könnte, bedeutet dies freilich nicht. Eine direkte Drittwirkung wird ausdrücklich verneint. Trotzdem ist die Erkenntnis für unseren Sachverhalt von Bedeutung. Eine Horizontalwirkung ist insofern gegeben, als Art. 31 BV als Auslegungsregel für die Interpretation privatrechtlicher Generalklauseln, vor allem des Art. 28 ZGB, beizuziehen ist (40). Es sei ferner darauf hingewiesen, dass die herrschende Lehre eine indirekte Horizontalwirkung vorbehaltlos bejaht (41). Grundsätzlich wird also eine Vorrangstellung "individueller Wirtschaftsfreiheit gegenüber übermächtigem privat-gemeinschaftlichem Druck" anerkannt (42). "Die irrige An-

33 BGE 86 II 365 ff., 376.
34 BGE 82 II 302.
35 BGE 86 II 376, 75 II 309.
36 Saladin P., S. 265.
37 Merz H., Über die Schranken der Kartellbildung, S. 20; Saladin P., S. 265.
38 Saladin P., S. 265.
39 BGE 86 II 376.
40 J.P. Müller, Soziale Grundrechte in der Verfassung, ZSR 92 II, 1973, S. 817 ff. Saladin P., S. 265 sowie in Anm. 168 zit. Autoren. Anderer Meinung ist Wespi K., a.a.O., der die Drittwirkung ablehnt: "Es ist wenig ergiebig, Generalklauseln mit Hilfe von Generalklauseln zu interpretieren."
41 Jäggi P., in ZSR 1960 II 218 a ff.; Kronauer M., in ZBl 71, S. 269.
42 Saladin P., S. 266; a.M. Geyer in WuR 1959, S. 179 ff.; Widmer Max, a.a.O., S. 17/18; Huber Hans in ZSR Bd. 74 I S. 206.

sicht der Verbände" — um mit Hans Huber (43) zu sprechen — "dass sie unabhängig von der staatlichen Rechtsordnung eine Machtvollkommenheit zur Beteiligung an der Rechtssetzung besässen", erfordert eine Horizontalwirkung, soll sich nicht der Einzelne in einer Position befinden, die weit schlechter ist, als wenn er dem Staat gegenüber im Subordinationsverhältnis steht. Ob die hier gezogenen Schlussfolgerungen ein konkretes Ergebnis bringen werden, wird sich erst im Nachgang zeigen. Die noch ausstehende Behandlung von Art. 28 ZGB wird jedenfalls diese Überlegungen miteinbeziehen (44). Als hauptsächlichsten Anwendungsbereich für eine direkte Drittwirkung der HGF wird ja gerade die Generalklausel von Art. 28 ZGB gesehen (45). Wie weit die Drittwirkung geeignet ist, gerade im Bereich des klassischen Unterordnungsverhältnisses zwischen Verband und Spieler Wirkung zu erzeugen, ist an den Erörterungen über den Schutz der Persönlichkeit zu messen.

III. Die gesamtarbeitsvertragsrechtliche Freiheit der Berufsausübung (Art. 356a Abs. 2 OR)

Art. 356a Abs. 2 OR schützt die gesamtarbeitsvertragsrechtliche Freiheit der Berufsausübung. Deshalb sind Bestimmungen eines GAV und Abreden zwischen den Vertragsparteien nichtig, wenn dadurch Arbeitnehmer von einem bestimmten Beruf oder einer bestimmten Tätigkeit oder von einer hierfür erforderlichen Ausbildung ausgeschlossen oder darin beschränkt werden. Diese Bestimmung ist neu in das Arbeitsvertragsrecht aufgenommen worden (46). Sie verdankt ihre Entstehung der Tatsache, dass "auf dem Arbeitsmarkt ähnliche Erscheinungen zur organisierten Beschränkung und Schliessung aufgetaucht sind", wie sie Kartelle und ähnliche Organisationen zu bewirken im Stande sind (47). Fraglich ist aber, ob diese Norm auf das Verhältnis zwischen Verein und Spieler angewendet werden kann. Ausgangspunkt ist der Arbeitsvertrag mit den genannten Parteien. Auf Arbeitnehmerseite stehen die einzelnen Spieler der Vereine, die nicht in einer Gewerkschaft zusammengeschlossen sind. Art. 356a Abs. 2 OR meint jenen Sachverhalt, in welchem Boykottmassnahmen ohne Abrede, auf eigene Initiative einer Vertragspartei unternommen, bestimmte Arbeitnehmer von einer Berufsausübung ausschliessen wollen (48). Dies aber nur im Rahmen eines GAV, wie aus der Stellung der Bestimmung (Art. 356a OR steht unter dem Marginale "Gesamtarbeitsvertrag") im System zweifelsfrei hervorgeht (49).

43 Huber H., in ZBl 1949 S. 57.
44 Vgl. hinten S. 81.
45 Widmer Max, a.a.O., S. 23; Egger A., N. 10 zu Art. 28 ZGB; Wespi K., a.a.O., S. 61 sieht den Anwendungsbereich in gleicher Form, lehnt jedoch jede Drittwirkung ab.
46 Fassung gemäss Ziff. I des BG vom 25. Juni 1971, in Kraft seit 1. Januar 1972.
47 Botschaft des Bundesrates, BBl 1967 II S. 420.
48 Streiff U., Leitfaden zum neuen Arbeitsvertragsrecht, N. 7 S. 215.
49 S.a. Rehbinder M., S. 130 (BE 1972); Botschaft des Bundesrates BBl 1967 II S. 420.

Wir haben bereits an anderer Stelle dargelegt (50), weshalb von einem GAV nicht gesprochen werden kann. Eine Berufung des Spielers, die Sperre verstosse gegen die Berufsausübungsfreiheit gemäss Art. 356a Abs. 2 OR ist daher nicht gegeben. Anders zu beurteilen wäre der Sachverhalt, wenn die Spieler sich gewerkschaftlich organisieren und zusammen mit der NL einen GAV schliessen würden. Ob unter so veränderten Umständen die Sperre vor Art. 356a Stand halten könnte, ist zumindest zweifelhaft.

Diese Situation wertend, muss es befremden, dass der Gesetzgeber ein Recht auf Freiheit der Berufsausübung nur im Rahmen eines GAV gewährt. Die Tatsache aber, dass im vorliegenden Sachverhalt der Spieler einem übermächtigen Verband gegenübersteht, müsste eine entsprechende Regelung für jenen Fall geradezu herausfordern, in dem der Arbeitnehmer nicht im Rahmen eines GAV verpflichtet ist. Ihn über die HGF auf die Generalklausel von Art. 28 ZGB zu verweisen, befriedigt nicht. Die Freiheit der Berufsausübung sollte auch dem nicht organisierten Arbeitnehmer aus dem Arbeitsvertragsrecht garantiert sein.

D. Der Übertritt und der Schutz der Persönlichkeit nach Art. 27/28 ZGB

I. Allgemeine Grundsätze

1. Zur Methode der Rechtsfindung

Die folgenden Ausführungen verlangen, dass die Methode der Rechtsfindung bei der Auslegung einer Generalklausel dargelegt wird. Richtlinien müssen sich herauskristallisieren, die dann den Sachverhalten gegenübergestellt werden, mit dem Zweck zu entscheiden, ob der Sachverhalt unter die Generalklausel von Art. 28 ZGB fällt.

Nach herrschender Lehre geht die Rechtsfindung im Gebiete des Persönlichkeitsschutzes vom Gesichtspunkt der Güter- oder Interessenabwägung aus (1). Diese umfassende Anweisung für die Rechtsfindung wird auch als "Zweckproportionalität" bezeichnet (2). Demnach wäre "ein Eingriff in ein Rechtsgut (nur) dann rechtmässig, wenn er die angemessene Massnahme zur Wahrung eines nach den Umständen wertvolleren Gutes darstellt" (3). Ausgangspunkt kann aber auch ein anderes sein: "das absolute auch als Ausschlussrecht verstandene Persönlichkeitsrecht des Verletzten" (4). Ein Eindringen in diesen Rechtsbereich wäre grundsätzlich widerrechtlich (5).

50 Vorne S. 38 f.; Rechtsnatur des Arbeitsvertrages.
1 Merz H., Türkisch/Schweiz. Juristentage 1970, S. 16; Jäggi P., ZSR 79 (1960) II, S. 213 a.
2 Jäggi P., ZSR 79 (1960) II, S. 213a.
3 Jäggi P., ZSR 79 (1960) II, S. 214a/BGE 30 II 443; 51 II 532.
4, 5 Merz H., Türkisch/Schweiz. Juristetage 1970, S. 16.

Zuerst müsste also der Rechtsbereich festgestellt und umschrieben werden, um die Verletzung festhalten zu können und schliesslich müsste in einer zweiten Phase nach dem Ausschlussgrund der Widerrechtlichkeit geforscht werden (6). Hat der Verletzte ein besonderes Eingriffsrecht, ist ihm ein höherwertiges Betätigungsrecht zugeordnet? (7) Doch diese Methode trägt zur eigentlichen Rechtsfindung wenig bei, weil ein Wertmassstab nicht vermittelt wird (8). "Es erleichtert die Rechtsfindung, den Blick zuerst nur auf das geschützte Rechtsgut und auf seine Verletzung zu richten und erst in zweiter Linie die Interessen und Werte zu betrachten, die hinter der Verletzung stehen und sie allenfalls zu rechtfertigen vermögen." (9) Keiner Sonderregelung unterliegen bei der Güterabwägung die persönlichen Güter (10), so dass denkbar ist, dass der relative Wert geringer ist als der Wert eines entgegenstehenden persönlichen oder nicht persönlichen Gutes (11). Der Wert der persönlichen Güter kann nur als Stütze des Wertdenkens bei der Güterabwägung dienen, denn "der absolute Wert der persönlichen Güter ist sehr verschieden" (12). Mit "hohem Wert" versieht Jäggi (13) die Hauptgüter, Leib, Leben, Freiheit und Ehre. "Die Werte, die den einzelnen Gütern zugedacht werden, drücken zunächst einfach die Beziehung der Tatbestandselemente zu diesem Werte aus, deren Persönlichkeitsgehalt." (14) Jedes Werturteil muss auf die Würde des Menschen bezogen werden: "Jeder soll sich gegenüber den Mitmenschen so verhalten, wie es der Menschenwürde entspricht." (15) Ein umfassendes System allgemeiner Regeln für den Einzelfall lässt sich nicht bilden (16), die oben genannten Regeln und Leitsätze sind auf die Sachverhalte, die dieser Arbeit zugrunde liegen, anzuwenden.

Wichtig erscheint in diesem Zusammenhang die grundsätzliche Aussage von Merz (17), dass es gar nicht möglich sei, den privatrechtlichen Persönlichkeitsschutz zu behandeln, "ohne das Verfassungsrecht, das Straf- und Polizeirecht und das Verfahrensrecht wenigstens am Rande einzubeziehen". Die Auslegung der Institute des Privatrechts werde durch diese Rechtsgebiete geprägt und im besonderen bedürfe der Schutz der Persönlichkeit durch die Grundrechte der Verfassung des Ausbaus (18).

6, 7 Merz H., Türkisch/Schweiz. Juristentage 1970, S. 16.
8, 9 Merz H., Türkisch/Schweiz. Juristentage 1970, S. 17.
10 So z.B. die typische Abwägung zwischen den persönlichen Gütern: Vertragsfreiheit und Freiheit wirtschaftlicher Betätigung (BGE 52 II 383, 82 II 299).
11, 12 Jäggi P., ZSR 79 (1960) II, S. 215a.
13, 14 Jäggi P., ZSR 79 (1960) II, S. 215a.
15 Jäggi P., ZSR 79 (1960) II, S. 216a.
16 Merz H., Türkisch/Schweiz. Juristentage 1970, S. 18.
17, 18 Merz H., Türkisch/Schweiz. Juristentage 1970, S. 62.

2.   Der Anwendungsbereich von Art. 27 ZGB

Art. 27 ZGB schützt die Persönlichkeit vor ihrem Träger (19). Merkmal dieses Artikels ist, dass die Person in die Beschränkung der Freiheit eingewilligt hat (20). "Sie
hat, eigenwillig und freiwillig, auf ein Recht verzichtet; sie hat selbst die vertragliche
Beschränkung ihrer Freiheit so gewünscht, so gewollt, sie hat eingewilligt, sie war
damit einverstanden." (21) Es bieten sich noch andere Kriterien zur Unterscheidung
der beiden Artikel (Art. 27 und 28 ZGB) an: ein zeitliches Moment und die Art der
Einwirkung (22). Art. 28 schützt den Persönlichkeitsbereich vor gegenwärtigen Beeinträchtigungen, Art. 27 ZGB vor zukünftigen, "insbesondere vor Einschränkungen
der zukünftigen Entscheidungsfreiheit" (23). Bezüglich der Art der Einwirkung dient
Art. 27 ZGB der "Prophylaxe", indem rechtsgeschäftliche Freiheitsbeschränkungen
gar nicht entstehen können (24). Nach Art. 27 Abs. 1 ZGB kann "niemand ganz
oder zum Teil auf die Rechts- und Handlungsfähigkeit verzichten". Abs. 2 verbietet
die Entäusserung oder die übermässige Beschränkung der Freiheit. Schwierig ist es zu
bestimmen, wann die Beschränkung der Freiheit "übermässig" ist (25). Wichtig ist
aber für den zu beurteilenden Sachverhalt, dass sich die Gültigkeit von Vertragsklauseln auf Grund von Art. 27 ZGB beurteilt (26). Der Vertragsabschluss bedeutet eine
Selbstbeschränkung einer Person, zu der die Person ihr Einverständnis gegeben hat
(27). Allgemein lässt sich formulieren (28), dass Rechtsgeschäfte, Verträge und statutarische Verpflichtungen dann gegen das Recht der Persönlichkeit verstossen und
ungültig sind,

a) "wenn sie (objektiv) geeignet sind, die wirtschaftliche Existenz des Betroffenen
    zu zerstören, seine wirtschaftliche Persönlichkeit zu vernichten"; (29)
b) "wenn sie die Grundlagen der wirtschaftlichen Existenz des Verpflichteten ganz
    oder in zu weitgehendem Masse gefährden (30), m.a.W. wenn sie eine Gefährdung
    der wirtschaftlichen Existenz des Verpflichteten darstellen, auch *ohne* dass wirt-
    schaftlich ruinöse Folgen sich tatsächlich schon verwirklicht haben, die Gefahr
    des Ruins genügt" (31);

19 Tuor P., ZGB S. 75; "In Wirklichkeit schützt auch Art. 27 den einzelnen vor Dritten."
   Hotz K.E., Zum Problem der Abgrenzung des Persönlichkeitsschutzes nach Art. 28 ZGB,
   Diss. Zürich 1967, S. 10.
20, 21 Künzler F., Der Schutz der Persönlichkeit nach Art. 28 ZGB, Diss. Zürich 1951, S. 30;
   Hotz K.E., a.a.O., S. 10.
22, 23 Hotz K.E., a.a.O., S. 10.
24 Hotz K.E., a.a.O., S. 11.
25 Tuor P., ZGB, S. 75.
26 Künzler F., a.a.O., S. 32; Tuor P., ZGB, S. 75.
27 Künzler F., a.a.O., S. 32.
28 Künzler F., a.a.O., S. 125 nennt die nachfolgenden 3 Kriterien
29 Künzler F., a.a.O., S. 125.
30 BGE 69 II 290 ff.
31 BGE 62 II 35; 84 II 277; 88 II 174.

c) "wenn sie den Verpflichteten der Willkür des Vertragsgegners ausliefern, ihn zu dessen willenlosem Werkzeug machen". (32)

Diese Kriterien versuchen zu umschreiben, wie weit der Einzelne sich selbst in seiner Freiheit Beschränkungen auferlegen darf. Der Vertragsfreiheit werden in diesem Sinne Schranken gesetzt (33).

3. Der Anwendungsbereich von Art. 28 ZGB

Art. 28 ZGB schützt die Persönlichkeit nach der andern Richtung, nach aussen, gegen Dritte (34) oder Aussenstehende (35). Art. 27 ZGB findet keine Anwendung, wenn in einem Sachverhalt die Einwilligung der Person fehlt (36). Liegt eine Freiheitsbeschränkung vor, ohne dass die Person eingewilligt hätte, ist sie also von dritter Seite auferlegt oder aufgezwungen, so muss Art. 28 ZGB angewendet werden (37), und der Verletzte hat sich hierauf zu berufen. Verhängt ein Verband über ein Nichtmitglied einen Boykott, so hat der Aussenseiter nicht mit dieser Möglichkeit rechnen müssen, weil er eine Boykottklausel, wie sie Mitglieder ausdrücklich anerkennen, nicht unterzeichnet hat (38). Ist die damit verbundene Freiheitsbeschränkung eine Verletzung der persönlichen Verhältnisse des Boykottierten, so hat er sich auf Art. 28 ZGB zu berufen (39).

4. Der Begriff des Boykotts und die Rechtsprechung des Bundesgerichts

Die Rechtsprechung des Bundesgerichts (40) sieht "das Wesen des Boykotts in der organisierten Meidung eines Gewerbetreibenden (41), mit dem Zweck, ihn zu einem

---

32 Künzler F., a.a.O., S. 125.
33 Tuor P., ZGB S. 76.
34 Künzler F., a.a.O., S. 21.
35 Tuor P., ZGB, S. 74.
36, 37 Künzler F., a.a.O., S. 30.
38 Künzler F., a.a.O., S. 31.
39 Dieses Beispiel ist bei Künzler F., a.a.O., S. 31 aufgeführt.
40 Eine Zusammenfassung der Rechtsprechung des Bundesgerichts zum Boykott findet sich bei Hug, W., Konzernrecht, Handbuch der Schweizerischen Volkswirtschaft, S. 22/23. BGE 76 II 285; 81 II 117 ff.; 82 II 297; 86 II 371; Künzler F., a.a.O., S. 138 versteht unter dem Begriff "Boykott" eine "Massnahme, die von einer wirtschaftlichen Organisation gegen ein Mitglied, einen Gesellschafter oder gegen einen Aussenseiter verhängt wird zur Erzwingung oder Bestrafung eines bestimmten Verhaltens durch Abbruch der wirtschaftlichen, geschäftlichen Beziehungen".
41 In BGE 86 II 375 fügt das Bundesgericht bei: ... organisierte Meidung eines Gewerbetreibenden *oder Arbeitnehmers*.

bestimmten aktiven oder passiven Verhalten zu veranlassen (nötigen), oder ihn für ein solches zu massregeln". Die Meidung muss organisiert, planmässig, in gemeinsamem Einverständnis der an der Abmachung Beteiligten sein (42). Das Verhalten, als Folge der organisierten Meidung, kann auch darin bestehen, dass der Boykottierte auf ein Vorhaben verzichten muss (43). "Mass und Umfang der Auswirkungen der Meidung sind für die Entscheidung der grundsätzlichen Frage, ob ein Boykott vorliegt, nicht von Belang." (44) Wird der Boykottierte "zur Aufgabe oder Nichtaufnahme einer bestimmten wirtschaftlichen Tätigkeit genötigt", spricht man von Vernichtungsboykott oder Verdrängungsboykott (45). Eine genaue Trennung dieser beiden Arten ist nicht möglich, denn eine Verdrängung endet oft mit der Vernichtung der wirtschaftlichen Existenz des Betroffenen (46). Werden Bedingungen auferlegt, nach denen die wirtschaftliche Tätigkeit zu gestalten ist, so liegt ein Unterwerfungsboykott vor (47).

Die Rechtsprechung des Bundesgerichts hat sich entsprechend den Veränderungen der wirtschaftlichen Verhältnisse an die neuen Gegebenheiten angepasst. Im folgenden (48) wird die Anwendbarkeit der vom Bundesgericht entwickelten Regeln auf die vorliegenden Sachverhalte geprüft, was eine genaue Analyse der heutigen Boykottrechtsprechung erheischt. Würde nicht ein Rückblick auf frühere Überlegungen des Bundesgerichts wertvolle Hinweise für den heutigen Rechtsstandpunkt liefern, könnte auf eine Erörterung verzichtet werden.

In einem früheren Entscheid (49) hielt das Bundesgericht fest, ein Verband von Gewerbetreibenden begehe eine unerlaubte Handlung, wenn er durch Drohung oder Zwang Kunden oder Lieferanten vom Verkehr mit einem Aussenseiter abhalte. In den Entscheiden BGE 25 II 801 und BGE 30 II 282 präzisierte es, dass der ausgeübte Zwang dann zulässig sei, wenn er einen erlaubten Zweck verfolge und durch rechtmässige Mittel erfolge. Später bezeichnete das Bundesgericht den organisierten Zwang nur dann als unzulässig, "wenn er sich nur Vernichtung des wirtschaftlichen Auskommens des Betroffenen eigne oder wenn der mit ihm verfolgte Zweck oder die angewendeten Mittel rechtswidrig seien oder den guten Sitten widersprächen" (50). Die folgende Praxis stellte die Frage nach einem offenbaren Missverhältnis zwischen erstrebtem Vorteil und zugefügtem Schaden (51). Dadurch wurde sogar die Vernichtung des Boykottierten nicht notwendigerweise rechtswidrig, andererseits brauchte das Auskommen nicht einmal gefährdet zu sein, damit ein widerrechtlicher

---

42, 43 BGE 82 II 298.
44 BGE 82 II 298.
45 BGE 86 II 375.
46 BGE 81 II 117 ff.
47 BGE 86 II 375 Erw. 4 b.
48 Vgl. hinten S. 74.
49 BGE 22 S. 184.
50 BGE 86 II 374 sowie dort zit. Entscheide: BGE 32 II 366 ff.; 34 II 252 ff.; 36 II 562;
37 II 383 ff., 423; 40 II 619 ff.; 41 II 443 f., 511; 44 II 479 ff.; 48 II 327.
51 BGE 86 II 374.

Boykott angenommen werden konnte (52). Die Kritik der Doktrin (53) an der Rechtsprechung des Bundesgerichts, der Boykott sei immer widerrechtlich und eine Interessenabwägung sei daher nicht notwendig sowie der Vorwurf, die Rechtsprechung "trage dem Interesse des Boykottierten an freier wirtschaftlicher Betätigung zu wenig Rechnung" (54), haben das Bundesgericht zu einer Praxisänderung bewogen. Das Bundesgericht hat in zwei grundlegenden Entscheiden (55) ein Recht auf "Betätigung der Persönlichkeit in wirtschaftlicher Beziehung" sowie ein Recht "auf Entfaltung der wirtschaftlichen Persönlichkeit" anerkannt und dieses Recht mit dem Hinweis auf das Grundrecht der Handels- und Gewerbefreiheit (BV 31) verstärkt. "Ein Boykott jedoch geht über das hinaus, was jeder als Folge eines normalen freien Wettbewerbs dulden muss " (56). Heute stellt sich nicht mehr die Frage nach der Widerrechtlichkeit des Boykotts, sondern nach der Umschreibung des Boykotts (57). Das Bundesgericht fährt fort:

> "Liegt ein Boykott vor, so verletzt er notwendigerweise das Persönlichkeitsrecht auf freie wirtschaftliche Betätigung und ist daher grundsätzlich widerrechtlich' ... "Nun lässt sich aber nicht sagen, dieses Ziel, bestehend in der Vernichtung, Verdrängung, Unterwerfung oder Massregelung des Boykottierten sei notwendigerweise unerlaubt. Es gibt Fälle, in denen es den Boykott rechtfertigt." (58)

Nach Art. 31bis Abs. 3 lit. d BV wurde das Kartellgesetz am 20. Dezember 1962 gegen "volkswirtschaftlich und sozial schädliche Auswirkungen von Kartellen und ähnlichen Organisationen" erlassen (59). Die Rechtsprechung des Bundesgerichtes hatte sich seither wiederholt mit Boykotten zu befassen, deren Rechtmässigkeit nun am Kartellgesetz gemessen wurde. Diese Überlegungen werden wir bei der Frage der Rechtmässigkeit des Boykotts heranziehen. (60) Art. 28 ZGB stellt im Verhältnis zu Art. 4 KG die allgemeine Norm dar, "die naturgemäss einen weiteren Bereich möglicher Anwendungsfälle erfasst als die Spezialnorm des Kartellgesetzes". (61)

52 Vgl. dazu BGE 52 II 383; 54 II 175; 58 II 226; 61 II 252; 73 II 76; 75 II 313; 81 II 125; 82 II 299; 85 II 496.
53 Simonius A., Festgabe S. 261 ff.; Merz H., Über die Schranken der Kartellbindung S. 29, Jäggi P., in ZbJV 96 S. 389, Merz H., in ZbJV 96 S. 460 ff.
54 BGE 86 II 375.
55 BGE 73 II 78; 82 II 299.
56, 57 BGE 86 II 377.
58 BGE 86 II 378 und dort zit. Urteil der I. Zivilabteilung des Bundesgerichts vom 25. Juni 1955 i.S. Film Verleih-Verband in der Schweiz gegen Meinegger.
59 BGE 98 II 373.
60 Vgl. nachfolgend S. 82 ff.
61 Mathys P., a.a.O., S. 77.

II. Der Schutz der Persönlichkeit nach Art. 28 ZGB und der Entzug der Spielberechtigung (Sperre)

1. Umstände, die für den Spieler eine Sperre bewirken

Zahlreich sind die Gründe, die für den Spieler eine zwei- oder dreijährige Sperre zur Folge haben können.

Die Sperre eines Spielers setzt grundsätzlich voraus, dass dieser die Teilnahmeberechtigung an den Verbandsspielen erlangt hat. Gemäss Art. 1 QR können Amateur- und Nichtamateurspieler an den Spielveranstaltungen teilnehmen, sofern sie die Spielberechtigung für die Nationalliga besitzen. Hiefür ist erforderlich, dass sich der Spieler durch einen vom Komitee der NL ausgestellten und anerkannten Spielerpass ausweist (Art. 18 Abs. 1 QR). Der Spielerpass enthält eine Bestätigung der NL, dass der Spieler für Verbandsspiele der NL spielberechtigt ist. Bezieht der Spieler aus seiner Tätigkeit im Fussballsport Zuwendungen, so ist der Verein weiter verpflichtet, eine Lizenz zu verlangen (Ziff. 1 NA-Statut) und mit dem Lizenzspieler eine schriftliche Vereinbarung abzuschliessen (Ziff. 3 NA-Statut). Erst mit der Unterzeichnung der Vereinbarung (Spielervertrag) unterwirft sich der Spieler dem Satzungsrecht, dem Freigabeverfahren und der damit zusammenhängenden Sperre.

Zwei Jahre beträgt die Aussperrung für den Spieler, wenn er einen Übertritt wünscht, dem aber der bisherige Verein nicht zustimmt. Auch wenn das bisherige Arbeitsverhältnis durch Zeitablauf beendet oder fristgerecht gekündigt ist, bleibt die Freigabeerklärung Voraussetzung für einen Vereinswechsel. Ist aber der Spieler an einer Vertragserneuerung nicht mehr interessiert, weil er bei einem andern Verein spielen möchte, so wird er das Fussballspielen für 2 Jahre aufgeben müssen, bis er gemäss Art. 2 QR zum "freien" Spieler erklärt wird. Von der Sperre wird er nur befreit, wenn der alte Verein während der Dauer der Massnahme vorzeitig doch noch die Freigabe erteilt. Die Sperre hat in allen diesen Fällen eine stark präventive Wirkung. Die Androhung der Sperre in den Statuten genügt in den meisten Fällen, den Spieler vom beabsichtigten Transfer abzuhalten. Viel eher wird der Spieler bereit sein, mit dem bisherigen Verein das Arbeitsvertragsverhältnis fortzusetzen, als auf einem Übertritt zu bestehen. Zwei hauptsächliche Nachteile bringt die Sperre mit sich: Der Anschluss an den Spitzenfussball ist nach zweijähriger Zwangspause ungewiss und die finanziellen Zuwendungen unterbleiben.

Zwar wird ihm niemand verwehren, einen Arbeitsvertrag mit einem neuen Verein abzuschliessen, doch wird sich so leicht kein Verein finden, der sich bereit erklärt, dem Spieler Vermögensleistungen zuzusichern, ohne dass der Spieler dafür eine "Gegenleistung" auf dem Rasen erbringen kann, zumal sich in diesem Fall die Sperre um ein weiteres Jahr verlängert (Ziff. 7 NA-Statut). An seinen Spieleinsatz ist nicht zu denken, sieht doch Art. 19 QR bei Verwendung eines nicht spielberechtigten Spielers für die fehlbare Mannschaft eine 0 : 3 Fortaitniederlage und eine Busse vor. Will ein Verein verhindern, dass ein bestimmter Spieler den Verein wechselt, so braucht er ihn nicht auf die Transferliste zu setzen. Er erstickt derart jeden Übertrittsversuch im Keime, denn nur mit Spielern, die auf der offiziellen Transferliste erscheinen, darf in Übertrittsverhandlungen eingetreten werden (Art. 5bis QR).

Auch ohne die Weigerung des Clubs, einen Spieler auf die Transferliste zu setzen, bleibt dem Verein ein anderes wirksames Mittel, den vom Spieler gewünschten Übertritt zu verhindern. Zwar wird der Spieler auf die Transferliste gesetzt, doch zu einem seinen "Marktwert" übersteigenden Preis. Kein Verein wird sich finden, schon gar nicht bei den heutigen finanziellen Notlagen der Clubs, der eine offensichtlich übersetzte Transfersumme bezahlt. Kommt kein Transfer zustande, dann bleibt der Spieler für die neue Saison ohne Arbeitsvertrag (und auch die daran anschliessende Saison), wenn er sich nicht bereit erklärt, auf den Transfer zu verzichten und wieder für den alten Verein zu "arbeiten".

Erinnern wir noch einmal daran, dass das Nichtamateur-Statut eine 3-jährige Sperre vorsieht, wenn der Spieler gegen Ziff. 7 des erwähnten Statutes verstösst.

Unangenehm kann die Situation für den Spieler auch dann werden, wenn weder der Spieler noch der Verein einen Transfer anstreben, aber die für die Vertragserneuerung notwendige Einigung zwischen Verein und Spieler nicht zustande kommt, weil sie an den Forderungen des Spielers scheitert. So kann es geschehen, dass der Spieler nach Ablauf der Transferperiode (62) ohne Arbeitsvertrag und ohne die Möglichkeit, sich noch transferieren zu lassen, dasteht. Er muss zuwarten, bis er in der nächsten Transferperiode einen neuen Verein suchen kann.

In der Praxis geht der Wunsch nach einem Übertritt oft vom Verein aus, der dem jeweiligen Spieler nahelegt, sich einen neuen Verein zu suchen, weil der bisherige Verein auf seine Dienste verzichtet (63). Gegen eine Nichterneuerung eines Arbeitsverhältnisses wäre so lange nichts einzuwenden, als der Spieler wirklich frei bliebe, seinen neuen Arbeitgeber zu suchen. Der bisherige Arbeitgeber behält sich jedoch vor, den Wert zu nennen, der für die Freigabe des Spielers zu bezahlen ist. Ist die Transfersumme übersetzt, wird sich kein neuer Verein finden lassen. Folglich ist der Spieler vom bezahlten Fussballsport ausgesperrt. Würden die Reglemente das "Institut" der Transfersumme nicht kennen, wäre eine Sperre in dieser Form ausgeschlossen, denn selten scheitert ein Übertritt an der Forderung des Spielers, recht oft jedoch an der Forderung des alten Vereins.

Die gleichen Machtmittel, die wir hier in der Hand der Vereine geschildert haben, besitzen auch der von der Sportrechtsordnung der NL verpönte Spieleragent (64) und die den Reglementen nicht bekannten Transferkommissionen (65) der Vereine. Verfügt der Spieleragent unbefugterweise über eine Blankettfreigabeerklärung (gemäss Art. 7 Abs. 2 QR wird sie zurückgewiesen, falls sie als solche anerkannt wird), kann er den Spieler unter Androhung der Sperre zu dem ihm genehmen (resp. zah-

---

62 Vgl. vorne S. 4.
63 So geschehen bei Nationalmannschaftsspieler Fritz Küenzli (FC Zürich) am Ende der Saison 1972/73.
64 Vgl. vorne S. 10 ff.
65 Vgl. vorne S. 7 ff.

lungswilligsten) Verein transferieren. Solchen Machenschaften kann nur dann wirksam entgegengetreten werden, wenn sich der Spieler in dieser Situation an den Verband wendet.

2. Die Sperre – ein Boykott?

Will man entscheiden, ob ein Boykott gegen die persönliche Freiheit "zur unbehinderten Teilnahme am wirtschaftlichen Wettbewerb" (66) und damit gegen Art. 28 ZGB verstösst, so ist vorweg zu prüfen, ob die durch die Rechtsprechung entwickelten Begriffsmerkmale des Boykotts erfüllt sind, ohne dabei den Blick auf seine allfällige Rechtmässigkeit zu richten. "Ein Boykott liegt in der organisierten Meidung eines Gewerbetreibenden oder Arbeitnehmers zu dem Zwecke, ihn zu einem bestimmten Tun oder Unterlassen zu zwingen oder ihn für ein solches zu massregeln." (67) Erstes Begriffsmerkmal ist die "organisierte Meidung". Die 28 Nationalliga-Vereine sind Mitglieder der Nationalliga (Art. 6 NL-Statuten). Die Statuten, Reglemente und Beschlüsse des SFV und der Nationalliga sind für sie verbindlich (Art. 4 NL-Statuten), also auch diejenigen Bestimmungen, die es gestatten, den Spieler zu sperren. Ist ein Spieler gesperrt, so sorgen die Reglemente dafür, dass der Spieler bei keinem andern Verein die Spielberechtigung erlangen kann. Der Verband verweigert dem Spieler die Spielberechtigung und droht bei *Zuwiderhandlung durch einen Verein* die in Art. 19 QR genannten Strafen an. Die Sperre entfaltet ihre Wirkung nicht nur innerhalb der Nationalliga. Darüber hinaus wirkt sie in der Amateurliga, ja sie erstreckt sich sogar auf jeden ausländischen Verband (Art. 3 QR). Dank der Monopolstellung der Nationalliga ist die Sperre für den bezahlten Fussballsport total. Dem Spieler bleibt nur die Möglichkeit, sich beim SATUS (68) oder am Firmenfussball zu beteiligen. Die Monopolstellung ist jedoch kein Begriffsmerkmal des Boykotts, sie ist erst bei der Frage der Widerrechtlichkeit relevant, "insofern nämlich, als der dem Aussenseiter zugefügte Nachteil umso schwerer wiegt, je umfassender die Monopolstellung ist" (69). Mit Fug kann gesagt werden, diese Meidung sei organisiert, da sie gestützt auf statutarische Bestimmungen, im gemeinsamen Einverständnis der im Verband zusammengeschlossenen Vereine erfolgt (70). Die Meidung besteht darin, dass die Vereine mit dem gesperrten Spieler kein Arbeitsvertragsverhältnis begründen (71). Es muss hier nicht untersucht werden, welches Mass und welchen Umfang die Aus-

---

66 BGE 82 II 296 E. 1.
67 So zuletzt in BGE 86 II 371 E. 2, ähnlich in früheren Urteilen: BGE 76 II 285, 81 II 122, 82 II 297.
68 SATUS = Schweiz. Arbeiter-Turn- und Sportverband.
69 Merz H., SJZ 52 (1956), S. 322, BGE 82 II 292 ff.
70 So auch in BGE 82 II 298 E. 2.
71 Allgemein formuliert bei Zwimpfer B., Zweck und Mittel im Boykott, Diss. Freiburg 1955, S. 22.

wirkungen der Meidung annehmen; sie spielen für die Entscheidung der Frage, ob ein Boykott vorliege oder nicht, keine Rolle (72).

Ein weiteres Begriffsmerkmal ist erfüllt, wenn der Boykottierte durch die organisierte Meidung zu einem bestimmten Verhalten veranlasst oder für ein bestimmtes Verhalten gemassregelt werden soll (73). Beides trifft auf den vorliegenden Sachverhalt zu. Einmal soll der Boykott bewirken, dass der Spieler, der entgegen dem Willen seines Vereins den Übertritt sucht, diese Absicht aufgibt, um erneut ein Arbeitsvertragsverhältnis bei seinem bisherigen Verein zu begründen. Der Spieler soll gezwungen werden, auf sein Vorhaben, nämlich den Verein zu wechseln, zu verzichten. Ändert der Spieler sein Verhalten nicht und bleibt er bei seinem Entschluss, den Verein zu wechseln, so wird er für dieses Verhalten gemassregelt: Die Strafe besteht in einem zwei- oder dreijährigen Berufsverbot. Der Entzug oder die Verweigerung der Spielberechtigung bedeutet für jeden Spieler, der die betreffende Tätigkeit als Beruf ausüben möchte, oder ausübt, eine Aussperrung.

Als weiteres Begriffsmerkmal des Boykotts wird oft die "Verrufserklärung" bezeichnet (74). Eine solche Erklärung ist im vorliegenden Fall überflüssig, weil einerseits nur die Nationalliga die Spielberechtigung erteilen kann und andererseits der Boykott auf Grund statutarischer Verpflichtungen begründet wird, was, einer nicht üblichen Terminologie folgend, auch als "generelle Verrufserklärung" (75) bezeichnet wird.

Sämtliche Merkmale eines Boykotts sind damit erfüllt (76). Es handelt sich je nach Verhalten des Spielers um einen Unterwerfungsboykott, der dann zum Verdrängungsboykott wird, wenn der Spieler auf dem Übertritt beharrt. Der Unterwerfungsboykott erstrebt eine bestimmte Verhaltensänderung auf Seiten des Boykottierten (77). Der Spieler soll seine Transferabsichten rückgängig machen, er soll weiterhin, entgegen seinem Willen, für den bisherigen Verein spielen. Er soll seinen Willen im Sinne des boykottierenden Vereins ändern, im Bewusstsein, dass die Meidung eine Störung (Lahmlegung) seiner sportlichen Erwerbstätigkeit bringen wird (78). Der Spieler kann sich den Auswirkungen des Unterwerfungsboykotts entziehen, wenn er sich den Wünschen des Boykottierenden fügt (79). Der Verdrängungsboykott zielt auf die Ausschaltung des Boykottierten von einem bestimmten Tätigkeitsbereich ab (80). Dass die Aussperrung für den Spieler zeitlich begrenzt ist, ändert nichts daran, einen Verdrängungsboykott anzunehmen. Für die Zeit der Sperre wird es dem Spieler verunmöglicht, auf den Fussballplätzen des In- und Auslandes seinen Beruf auszuüben.

72 BGE 82 II 298 E. 2.
73 BGE 86 II 371 E. 2.
74 Zwimpfer B., a.a.O., S. 24.
75 Zwimpfer B., a.a.O., S. 26.
76 BGE 86 II 371 E. 2.
77, 78 Zwimpfer B., a.a.O., S. 47.
79 Zwimpfer B., a.a.O., S. 47.
80 BGE 82 II 298 E. 2.

Ist somit das Vorliegen eines Boykotts zu bejahen, so stellt sich die Frage nach seiner Rechtmässigkeit.

3.   Verletzt der Boykott gegen den Spieler das Recht der Persönlichkeit des Art. 28 ZGB?

Es war ein Verdienst des liberalen Staates, "dass er die Märkte von den Fesseln der Zünfte und Privilegien aller Art befreite und grundsätzlich allen zugänglich machte" (81). Heute zeigt ein Blick auf das Wirtschaftsleben, dass private Interessenverbände durch Boykottdrohungen oder tatsächlichen Boykott erneut Marktschliessungen vornehmen, "die die freie Wahl von Beruf und Arbeitsplatz wieder ernsthaft bedrohen" (82). Diese Entwicklung, die nicht unbedenklich ist, hat offenbar auch vor der Sportwelt nicht haltgemacht, vor allem nicht vor dem Fussballsport. Auch das Bundesgericht (83) nennt Marktschliessungen "eine höchst unerfreuliche Erscheinung des Wirtschaftslebens", die dazu führen können, "dass das staatliche Straf- und Schadenersatzrecht beiseite geschoben wird und dass unverantwortliche Spitzen von mächtigen Verbänden" Strafen aussprechen, die schwerer wiegen als gerichtliche Strafen (84).

Beantworten wir nun im folgenden die Frage, ob der Boykott gegen Art. 28 ZGB verstösst, m.a.W. ob für den Boykott ein Rechtfertigungsgrund besteht. Ausgangspunkt sind die sich gegenüberstehenden *Rechtsgüter*. Sie sind zu bestimmen. Die Frage der Widerrechtlichkeit ist nicht mehr zu prüfen, ist doch ein Boykott nach neuester bundesgerichtlicher Rechtsprechung (85) "grundsätzlich widerrechtlich". Nur wer mit dem Boykott *"offensichtlich überwiegende berechtigte Interessen* wahrt, die er in keiner anderen Weise wahren kann", verstösst nicht gegen Art 28 ZGB (86). Im Entscheid BGE 98 II 365 hat das Bundesgericht zu dieser Rechtsprechung Stellung genommen. Es weist darauf hin, dass diese erschwerenden Voraussetzungen nicht Gesetz geworden sind (87). "Indem der Gesetzgeber das Wort 'offensichtlich' in Art. 5 KG nicht aufnahm, räumte er dem richterlichen Ermessen einen breiten Spielraum ein, ermöglichte er also unter Umständen auch die Berücksichtigung leicht überwiegender Interessen." (88) Die Richtlinien der früheren bundesgerichtlichen Rechtsprechung werden Entscheidungshilfe sein, die gestellte Frage zu lösen (89). Zu fragen ist nach *Mittel und Zweck* des Boykotts, nach *Vorteil* des

81, 82 Küng E., in WuR 2953, S. 286.
83 BGE 57 II 481 insb. 488 E. 1 und 2.
84 BGE 57 II 488 ff. E. 1 und 2.
85 BGE 86 II 377 E. 4c.
86 BGE 86 II 378 E. 4d.
87 BGE 98 II 376.
88 BGE 98 II 377 und dort zit. Autoren.
89 So noch in BGE 76 II 288, 81 II 125, 82 II 306, 85 II 525: Besprochen von Merz H., in ZbJV 96, S. 460.

Boykottierenden und *Schaden* des Boykottierten. Diese Güterabwägung (90) soll die Antwort auf eventuelle schutzwürdige Interessen des Boykottierenden bringen. Nicht ausser acht zu lassen ist gerade hier die Drittwirkung der HGF (91). Ein Seitenblick auf das UWG (92) wird diese Ausführungen beschliessen.

Im vorliegenden Sachverhalt kollidieren die *Rechtsgüter* "freie wirtschaftliche Betätigung" auf Seite des Spielers und "Organisationsfreiheit" auf Seite des Verbandes. Das Bundesgericht anerkennt ein Recht des Boykottierten auf "freie Betätigung im wirtschaftlicher Beziehung" (93) und auf "Entfaltung der wirtschaftlichen Persönlichkeit" (94). Diese Rechte sind Persönlichkeitsrechte, die jeder Boykott notwendigerweise verletzt (95). Es steht ausser Zweifel, dass die Aussperrung eines Fussballers sich an diesen Kriterien zu orientieren hat (96). Er ist Arbeitnehmer seines Vereins. Der Spielervertrag begründet dieses Rechtsverhältnis. Der Boykott behindert den Spieler in der freien Verwertung seiner Arbeitskraft. Sämtliche Arbeitsplätze im In- und Ausland bleiben ihm gesperrt. Er kann seinen Beruf als Fussballspieler nicht mehr ausüben. Offensichtlich behindern die Reglemente den Spieler an der freien Ausübung einer wirtschaftlichen Tätigkeit und stellen damit eine Rechtsverletzung dar. Doch auch die Boykottierenden haben Persönlichkeitsrechte (97), die mit den Persönlichkeitsrechten der Boykottierten in Konkurrenz treten. Gemeint ist die privatrechtliche Organisationsfreiheit. Obwohl unser Privatrecht die Organisationsfreiheit nicht normiert, lässt sie sich aus der Koalitionsfreiheit (98) als Bestandteil der Vereinsfreiheit herleiten (99). Die Tatsache, dass der Gesetzgeber den Vereinen bei der Gestaltung ihres Innenlebens grosse Freiheit lässt (100) zeigt, dass dem Recht, sich zu einem Verband zusammenzuschliessen auch das Recht, sich zu organisieren, innewohnt. Dass das Wirken eines Verbandes nur innerhalb der von der Rechtsordnung gezogenen Schranken Schutz findet, ist unzweifelhaft (101). Entgegenstehende

90 Jäggi P., in ZSR 79 (1960) II S. 214a. Dazu Anm. 154: "Der Ausdruck Güterabwägung ist dem geläufigeren Interessenabwägung vorzuziehen."
91 Vgl. vorne S. 62 ff.
92 UWG in der Fassung vom 30. September 1943.
93 BGE 73 II 78.
94 BGE 82 II 299, ausdrücklich bestätigt in BGE 86 II 376 E. 4c.
95 Merz H., in ZbJV 97, S. 415 Besprechung von BGE 86 II 365 ff.
96 Gleiche Meinung Hinderling H., Basler Studie, Heft 66, S. 25, Anm. 74.
97 BGE 86 II 377.
98 Tschudi H.P., ZSR 67 (1948), S. 360 ff.: "Die Koalitionsfreiheit bildet das Recht der Arbeitgeber und Arbeitnehmer, ungehindert durch den Staat oder durch private Personen oder Gruppen sich zu Verbänden zusammenzuschliessen und sich darin zu betätigen sowie das Recht des Verbandes, ungehindert durch den Staat oder durch private Personen oder Gruppen *im Rahmen der Rechtsordnung* zu wirken."
99 So bei Schluep W.R., Arbeitskonflikte, S. 18 Anm. 21 mit dem Hinweis auf BGE 25 II 802 und der dort zitierten zahlreichen Autoren.
100 Tschudi H.P., in ZSR 67 (1848), S. 370, vgl. vorne S. 19 ff.
101 Schluep W.R., Arbeitskonflikte, S. 18: "Arbeitskämpfe müssen sich somit zunächst im Rahmen der allgemeinen Rechtsordnung abspielen. Vorweg ist zu bemerken, dass die Grenze messerscharf nicht gezogen werden kann." Schluep W.R., Arbeitskonflikte, S. 18/19, gibt zu bedenken, dass die Anwendung strafrechtlicher Vorschriften (etwa der Nötigung, Art.

zivilrechtliche Interessen schränken die privatrechtliche Koalitionsfreiheit – und damit die Organisationsfreiheit – ein (102). Auch das Bundesgericht (103) anerkennt den Boykottierenden ein Recht auf "Freiheit des Zusammenschlusses". Dieses Recht erlaubt diesen aber nicht, "absichtlich auf Eingriffe in fremde Rechte hinzuarbeiten" (104). Stehen sich somit zwei Rechte entgegen, so ist durch *Güterabwägung* das "von der Rechtsordnung höher eingeschätzte Recht zu bestimmen" (105). Mittel und Zweck des Boykotts einerseits, Vorteil und Schaden (106) andererseits können mithelfen, die Rechtsgüter gegeneinander abzuwägen.

Das Bundesgericht bezeichnete in früherer Rechtsprechung (107) einen Boykott dann als rechtswidrig, "wenn der mit ihm verfolgte *Zweck* (108) oder die angewandten *Mittel* rechtswidrig sind oder gegen die guten Sitten verstossen". Beim vorliegenden Sachverhalt kann der verfolgte Zweck nicht beanstandet werden. Art. 3 Abs. 3 (NL-Statuten) gibt dem Verband das Recht, die Übertritte innerhalb der Nationalliga zu regeln. Es ist ohne Zweifel im Interesse der Verbandsmitglieder (man darf dieses Interesse wohl als schutzwürdig bezeichnen), wenn die Vereine dem "Abspenstigmachen" von Spielern einen Riegel schieben. Diese Selbstschutzmassnahme, ohne welche die Löhne von Spitzenspielern Phantasiesummen erreichten, ist an sich zu begrüssen. Den Vereinen sollte dadurch die Möglichkeit gegeben werden, finanziell gesund zu bleiben. Auch das Bundesgericht begrüsst die Ausschaltung "derartiger unlauterer Mittel im Wirtschaftskampf" (109). Die Vereine haben denn auch diese Situation erkannt und der Aufnahme der fraglichen Bestimmung in die Statuten zugestimmt; hält sich ein Verein nicht an die Statutenbestimmungen, so bewirkt der Boykott, dass ein Abwerben für den Verein nutzlos wird. Er kann den Spieler nicht einsetzen.

Anders verhält es sich mit den für die Verfolgung dieses Zweckes eingesetzten *Mitteln.* Zu betrachten ist nicht die Art und Weise, die Frage nach dem "wie" der Wettbewerb *geführt* wird (110). Was hier als Mittel des Boykotts bezeichnet ist, ist,

181 StGB) auf Arbeitskämpfe schwierig sei. Die nachfolgenden Erörterungen (S. 92) über die Nötigung bestätigen diese Aussage.

102 Tschudi H.P., in ZSR 67 (1948) S. 371.

103, 104 In BGE 86 II 377.

105 BGE 86 II 378, so auch Jäggi P., ZSR 79 (1960) II, S. 213a, Hinderling H., Basler Studie Heft 66, S. 31.

106 Diese Abwägung von Vorurteil und Schaden ist kritisiert von Merz H., in ZbJV 96, S. 462: Diese Fragestellung lasse vermuten, es gehe nicht um rechtlich geschützte Interessen, sondern um die finanzielle Auswirkung gewisser Massnahmen. Ebenso Kummer M., Anwendungsbereich und Schutzgut der privatrechtlichen Rechtsätze gegen unlauteren und gegen freiheitsbeschränkenden Wettbewerb, Abh. zum schweiz. Recht, Heft 338, S. 143.

107 Vgl. für viele BGE 73 II 65 ff.

108 Zwimpfer B., a.a.O., S. 79: "Allgemeiner Grundsatz der Zweckfeststellung ist der, dass der Zweck aus den äusseren Gegebenheiten ersichtlich sein muss."

109 BGE 73 II 76 E. 6a.

110 Kummer M., Anwendungsbereich und Schutzgut der privatrechtlichen Rechtsätze gegen unlauteren und gegen freiheitsbeschränkenden Wettbewerb, Abh. zum Schweiz. Recht, Heft 338, S. 140.

"was das Bundesgericht ständig verkennt", eine Frage des Lauterkeitsschutzes (UWG) (111). Korrekterweise müsste gefragt werden, "wie die Wettbewerbshandlung sich *auswirke*" (112). Mittel des Boykotts ist die Sperre resp. die Nichterteilung oder der Entzug der Spielberechtigung für den Spieler. Unzulässig ist das angewendete Mittel deshalb, weil das loyale Verhalten der Vereine auf Kosten der Spieler erzwungen werden soll (113). Es ist nicht einzusehen, weshalb nur die Spieler für ein Verhalten boykottiert werden, während das die Sanktion auslösende Moment ebenso sehr bei den Vereinen liegt. Deshalb schiesst das angewandte Mittel über den verfolgten Zweck hinaus. Natürlich wird nicht nur ein loyales Verhalten der Vereine bezweckt, auch die "Wanderlust" von einzelnen Spielern soll beschränkt werden. Dass aber dafür über ein Nichtmitglied eine derartige Strafe verhängt wird, ist zweckfremd. Andere Massnahmen, vor allem gegen die Vereine gerichtet, könnten dieselbe Wirkung erzeugen. "Es geht nicht an, ein bestimmtes Verhalten eines andern zu erzwingen durch Massnahmen, die in erster Linie Dritte in einem geschützten Rechtsgut, wie demjenigen der Persönlichkeit treffen." (114) Dies widerspricht den "Gepflogenheiten, die ein anständig und billig Denkender im wirtschaftlichen Wettbewerb beachten muss" (115). Unzulässig ist das angewandte Mittel auch deshalb, weil der Boykott jeden Vereinswechsel verhindert, auch dann, wenn der Spieler aus freiem Entschluss, ohne dass ein Verein ihn abgeworben hätte, den Vereinswechsel wünscht (116). Selbst die Auflösung des Arbeitsverhältnisses durch Zeitablauf oder Kündigung bewahrt den Spieler nicht vor einer Beschränkung der Entschlussfreiheit.

Ungünstig für den Verband lautet auch das Ergebnis einer Gegenüberstellung von angestrebtem *Vorteil* und des dem Boykottierten *zugefügten Schaden* (117). Während die Vorteile des Vereins im finanziellen und nur am Rande im sportlichen Bereich liegen, sind die Nachteile für den Spieler gleichermassen finanzieller und ideeller Natur, wozu noch der Verlust von zukünftigem Good-will kommt, den er durch die Sanktion erleidet. Würde der Boykott tatsächlich als Strukturerhaltung der Branche dienen, dann müsste er beiden Parteien zum Vorteil gereichen. Die Sperrfrist bedeutet für jeden Vertragsspieler, der auf den Arbeitsverdienst aus seiner Tätigkeit als Fussballspieler angewiesen ist, einen einschneidenden Einkommensverlust — für den Berufsspieler einen totalen Verdienstausfall — und daher einen nicht tragbaren Nachteil. Ein Verband darf nicht zu einer für ihn bequemen Regelung greifen, die

---

111, 112 Kummer M., in Abh. zum schweizerischen Recht, Heft 338, S. 144 und 145.
113 So entschied das Bundesgericht in einem ähnlichen Fall: BGE 73 II 77.
114 BGE 73 II 78 E. 6b.
115 BGE 56 II 436, wiederholt in BGE 73 II 65 ff.
116 Das Bundesgericht hat in BGE 73 II 77 selbst dann die Rechtmässigkeit einer Sperre verneint, wenn der Boykottierende die Sperre gegenüber einem aus wichtigem Grund kündigenden Arbeitnehmer nicht ausspricht.
117 Merz H. in ZbJV 96, S. 462 wendet sich zu Recht gegen diese Abwägung, weil "diese Formulierung vermuten lässt, es gehe nicht um rechtlich geschützte Interessen, sondern um die finanzielle Auswirkung gewisser Massnahmen".

ihm zwar Vorteile bringt, dabei jedoch Schaden stiftet, der durch die Vorteile nie aufgewogen wird. Kann er sein Ziel durch eine andere Regelung erreichen, so hat er diese zu treffen. Über das Zumutbare hinaus ginge auch eine Sperre, die nur dann ausgesprochen wird, wenn der Spieler zum Stadtrivalen ziehen möchte, der alte Verein aber einem Übertritt zu jedem anderen Verein zustimmte. Diesem Verbot, einer Art Konkurrenzverbot, hat das Bundesgericht seine Anerkennung selbst in einer Zeit versagt, als es noch geneigt war, den Boykott als erlaubtes wirtschaftliches Kampfmittel zu betrachten (118). In diesem Fall liegt jedoch das Missverhältnis von Vorteil des Boykottierenden und Schaden des Boykottierten offen auf.

Wägen wir nun nach dem bereits Gesagten die Güter und nicht die Interessen gegeneinander *ab*. (119) Dem Recht des Boykottierten, der wirtschaftlichen Freiheit, kann genauso wenig ein absoluter Wert zuerkannt werden, wie dem Recht des Verbandes auf Freiheit in der Organisation. Nur ein relativer Wert, "d.h. ein auf den Einzelfall bezogener Wert", kommt den Rechten zu (120). Wo immer Rechte miteinander kollidieren, kann nie ein für alle Mal entschieden werden, welches das werthöhere Recht ist (121). "Wirklichen Wert hat einzig die Persönlichkeit im natürlichen Sinn, der Mensch." (122) Was sich uns im Gegensatz zeigt, ist die freie Betätigung eines Menschen zum Recht der inneren Gestaltungsfreiheit einer juristischen Person. Zwar hat der Verband im Unterschied zum Spieler keine Menschenwürde, wohl aber einen echten Persönlichkeitsbereich, der nicht zum vornehcrein geringer geschätzt werden darf (123). Jäggi (124) meint, dass "Menschen gerade durch die Teilnahme an Verbänden und Gemeinschaften wertvollste Ziele verwirklichen". Sicher liegt in der Mitgliedschaft der Gruppenangehörigen ein hoher Wert, doch verringert sich der Wert, wenn diese Gruppe die Rechte Dritter, wie die der Spieler, missachtet. Das Bundesgericht hat bei der Abwägung der Vertragsfreiheit und der Freiheit wirtschaftlicher Betätigung, letzterer den Vorzug gegeben (125). Wenn für diese Entscheidung nicht zuletzt die Wirkungen des Boykotts den Ausschlag gaben, so darf in Analogie zum genannten Urteil hier auf die Monopolstellung des Verbandes verwiesen werden. Diese Tatsache und die Folge, dass der Spieler vom bezahlten Fussballsport ausgeschlossen ist, legt nahe, die Betätigungsfreiheit des Spieles als dementsprechend schutzwürdig und damit werthöher zu taxieren. Es geht nicht darum, dem Verband das Recht, sich zu organisieren, das er kraft Koalitionsfreiheit besitzt, irgendwie zu schmälern. Würde er sich nur organisieren, so wäre dagegen nichts einzuwenden (126).

118 BGE 73 II 79 E. 6c.
119 Hafner A., Boykott und Autonomie des Individuums nach schweiz. Privatrecht, Diss. Zürich 1959, S. 53.
120 Jäggi P., ZSR 79 (1960) II, S. 214a, Hinderling H., Basler Studie, Heft 66, S. 31.
121, 122 Jäggi P., ZSR 79 (1960) II, S. 215a.
123 Jäggi P., ZSR 79 (1960) II, S. 217a.
124 a.a.O., S. 217a.
125 BGE 82 II 299.
126, 127 Kummer M., Anwendungsbereich und Schutzgut der privatrechtlichen Rechtssätze gegen unlauteren und gegen freiheitsbeschränkenden Wettbewerb, Abh. zum schweizerischen Recht, NF Heft 338, S. 137.

Eine "organisiert durchgeführte Rechtsverletzung" kann aber niemals mit der Organisationsfreiheit gerechtfertigt werden, denn diese bedeutet auch nicht Freiheit, "eine Organisation gerade so zu treffen, dass Rechte Dritter Schaden leiden" (127). Die Koalitionsfreiheit und mit ihr die Organisationsfreiheit finden ihre Schranken dort, wo ihnen Persönlichkeitsrechte des Einzelnen begegnen (128). Ist es vermessen zu fordern, die Monopolstellung eines Verbandes verlange gerade von ihm ein behutsameres und rücksichtsvolleres Verhalten gegenüber Dritten?

Nicht ausser acht lassen darf man bei der Gegenüberstellung der beiden Rechte die indirekte Drittwirkung der HGF (129). Sie trägt das ihre dazu bei, das werthöhere Recht zu bestimmen. Die HGF bietet unmittelbar nur Schutz gegen Eingriffe des Staates (130). Dennoch geht aus der HGF hervor, dass die schweizerische Wirtschaft auf freiem Wettbewerb beruhen soll (131). Den Schluss zu ziehen, "dass Bestand und Inhalt der öffentlichen Freiheitsrechte im Bereich des Privatrechts jede Wirkung verlieren", wäre nicht richtig (132). Das Bundesgericht hat die Auswirkungen der HGF in dem Sinne präzisiert, als es sagt: "Wer durch kollektive Massnahmen darauf ausgeht, die Teilnahme eines andern am Wettbewerb dauernd oder vorübergehend zu verunmöglichen oder zu erschweren, oder dem andern die Bedingungen aufzuzwingen, unter denen er soll teilnehmen können, greift in seine persönlichen Verhältnisse ein, *verletzt sein privates Recht auf Handels- und Gewerbefreiheit*." (133) Ungenauer, aber im Ergebnis gleich ist die Aussage (134), die HGF richte sich nur gegen das Verhalten, "das den Einzelnen an der Möglichkeit hindere, am Wettbewerb teilzunehmen, nicht gegen jedes dem freien Wettbewerb zuwiderlaufende Verhalten". Wenn ein Verband in Monopolstellung einem Dritten die Spielberechtigung für bestimmte Zeit verweigert und ihn damit schwer schädigt, geht das über das hinaus, "was jeder als Folge des freien Wettbewerbs dulden muss" (135). Damit scheint offen zu liegen, dass die wirtschaftliche Betätigungsfreiheit als werthöheres Recht einzustufen ist. Sie darf der Organisationsfreiheit nicht geopfert werden. Ein Boykott ist unter diesem Gesichtspunkt nicht mehr gerechtfertigt.

Nur wenn der Verband "offensichtlich überwiegende berechtigte Interessen" mit dem Boykott verfolgt, die auf keine andere Weise gewahrt werden können, verstösst er nicht gegen das Recht (136). Es ist Aufgabe des Verbandes, solche Interessen zu beweisen, während der Spieler seiner Pflicht genügt durch den Nachweis des Boykotts (137). Da sich der Boykott des Verbandes als freiheitsverletzend erwiesen hat, muss nach neuer Praxis geprüft werden, ob berechtigte Interessen "die zugefügte Rechts-

---

128 So auch Tschudi H.P., in ZSR 67 (1948), S. 371.
129 Vgl. vorne, S. 62 ff.
130 BGE 32 II 368, 52 II 384, 62 II 100, 86 II 376.
131 BGE 86 II 376.
132 Simonius A., Festgabe, S. 275.
133 BGE 86 II 376, gl. M. Simonius, Festgabe, S. 275, Hafner A., a.a.O., S. 68.
134 Hafner A., a.a.O., S. 69.
135 BGE 86 II 377.
136, 137 BGE 86 II 378.

verletzung zu legitimieren vermögen" (138). Die Wahrnehmung eines "berechtigten Interesses" will heissen, "von der Rechtsordnung gebilligtes Interesse" (139). Ein "richtiges" Ziel soll mit richtigen für die Zweckerreichung erforderlichen und angemessenen Mitteln erstrebt werden (140). Wenn wir dem Verband die Berechtigung zusprechen, der Zügellosigkeit im Transferwesen, sei es nun von Seiten der Vereine oder der Spieler, Herr zu werden, so stellt sich die entscheidende Frage, ob der Boykott eines Spielers der einzig gangbare Weg darstellt, die "berechtigten Interessen" zu wahren. Nämlich nur dann bestünde für den Boykott ein besonderer Rechtfertigungsgrund. Es liegt fernab von "berechtigten Interessen", wenn ein Verein durch Verweigerung der Freigabe den Boykott gegenüber einem Spieler auslöst, weil dieser sich einen neuen Arbeitgeber suchen möchte. Es ist ein Recht jedes Einzelnen, den Arbeitsplatz frei zu wählen. So weit es sich jedoch darum handelt, Auswüchse im Transferwesen zu bekämpfen, zeigt sich der Boykott zwar als wirkungsvoll, aber nicht als einzige Möglichkeit, Abwerbungen entgegenzutreten. Beachtet man die finanzielle Situation der Vereine, wären eigentlich mit Konventionalstrafen für Vereine und Spieler beim Vorliegen bestimmter Sachverhalte bessere Resultate zu erzielen. Besser in dem Sinne, dass eine solche Regelung sich vor dem geltenden Recht als haltbar erweisen würde. Die Abschaffung der Transfersumme würde das ihre zur Beruhigung auf dem "Transfermarkt" beitragen. Dass die Boykottierung des Spielers nicht einziger Weg zur Interessenwahrung ist, scheint offensichtlich.

Die Schlussfolgerung (141) aus den vorstehenden Erwägungen ist zu ziehen: Der Boykott des Verbandes gegen den Spieler ist widerrechtlich und verstösst gegen Art. 28 ZGB. "Überwiegende berechtigte Interessen", die der Verband auf keine andere Weise wahren könnte, sind nicht gegeben.

Anhaltspunkte für die Rechtfertigung von Boykotten finden sich auch im Kartellgesetz. Art. 5 führt aus, unter welchen Voraussetzungen eine Wettbewerbsbehinderung im Sinne des Art. 4 KG zulässig ist. Diese Erörterungen sollen weiter dazu beitragen, die Frage nach der Rechtmässigkeit des Boykotts zu beantworten. In Art. 5 Abs. 1 leg. cit. stellt das Gesetz einen allgemeinen Grundsatz auf (142). Die Wettbewerbsbehinderung ist rechtmässig, sofern die Vorhaben durch überwiegende schutzwürdige Interessen gerechtfertigt sind, und sie die Freiheit des Wettbewerbs im Verhältnis zum angestrebten Ziel sowie nach Art und Durchführung nicht übermässig beeinträchtigen (143). Diese drei Voraussetzungen (schutzwürdiges Interesse, Grundsatz der Verhältnismässigkeit und der Subsidiarität) müssen kumulativ erfüllt sein,

---

138 Kummer M., Anwendungsbereich und Schutzgut der privatrechtlichen Rechtsätze gegen unlauteren und gegen freiheitsbeschränkenden Wettbewerb, Abh. zum schweizerischen Recht NF Heft 338, S. 144.
139, 140 Hinderling H., in Basler Studie Heft 66, S. 35.
141 Widmer P., in NZZ vom 1. August 1962 kommt zum selben Schluss.
142 Schürmann L., Kommentar zu Art. 5 KG, S. 86.
143 Schluep W.R., Kontrahierungspflicht, WuR 1969, S. 215.

wenn eine Wettbewerbsbehinderung vor Art. 4 KG standhalten soll (144). Von Interesse für die vorliegende Arbeit und somit für die Beantwortung der aufgeworfenen Frage sind die Rechtfertigungsgründe von Art. 5 Abs. 2 KG (145). Als überwiegende schutzwürdige Interessen fallen u.a. in Betracht, "die Gewährleistung des lauteren und unverfälschten Wettbewerbs" und "die Förderung einer im Gesamtinteresse erwünschten Struktur eines Wirtschaftszweiges oder Berufes" (Art. 5 Abs. 2 lit. a und c KG). Welchen Inhalt gibt die Rechtsprechung und die Lehre diesen Rechtfertigungsgründen? Ist aus dem Gehalt der zitierten Ausnahmebestimmungen zu schliessen, ein schutzwürdiges Interesse des Verbandes an der Wettbewerbsbehinderung bestehe tatsächlich?

Bevor die beiden Rechtfertigungsgründe umschrieben werden, muss auf die in Lehre und Rechtsprechung unterschiedliche Auslegung der "überwiegenden schutzwürdigen Interessen" hingewiesen werden. Während das Bundesgericht noch im Fall Rentchnick (146) ausführte, "dass nur solche Interessen als überwiegend schutzwürdig zu betrachten sind, die positiv im Gesamtinteresse liegen", modifiziert es seine Rechtsprechung in BGE 98 II 365 ff. Erw. 4a, indem nun zur Rechtfertigung einer Vorkehr auch solche Interessen genügen, "die dem Gesamtinteresse nicht zuwiderlaufen, mit ihm also vereinbar sind" (147). Damit hat das Bundesgericht die Voraussetzungen für die Rechtfertigung einer Vorkehr deutlich abgeschwächt. Ausschlaggebend werden aber die Umstände des Einzelfalles sein, wenn nach der Schutzwürdigkeit einer Wettbewerbsbehinderung gefragt ist (148).

Als überwiegend schutzwürdiges Interesse anerkennt Art. 5 Abs. 2 lit. a KG die Gewährleistung des lauteren und unverfälschten Wettbewerbs. "Wer kartellmässig und insofern auf dem Wege der kollektiven Selbsthilfe für lauteren Wettbewerb sorgt, verfolgt positiv den gleichen Zweck wie das UWG negativ und ist daher gerechtfertigt." (149) Lauterkeitsschutz im Wettbewerb ist sicher ein Zweck, den der Verband mit der Boykottierung des Spielers verfolgt. Für den Verband und seine Mitglieder (Vereine), besteht unstreitig ein erhebliches Interesse, die Spielerabwerbung "in ver-

144 Schürmann L., Kommentar zu Art. 5 KG, S. 81 und sinngemäss auch Schluep W.R., Kontrahierungspflicht, WuR 1969, S. 215, Merz H., Kartellgesetz, S. 50 und S. 60, Mattmann H., Die Preisbindung der zweiten Hand nach dem schweizerischen Kartellgesetz, Diss. Freiburg 1970, S. 54, Deschenaux H., A propos de l'ouvrage, "Das schweizerische Kartellgesetz" du professeur H. Merz ZSR 87 (1968) I, S. 90.

145 Die in Art. 5 Abs. 2 genannten Beispiele haben nicht die Bedeutung von speziellen Rechtfertigungsgründen; sie konkretisieren den Absatz 1 des Art. 5 KG, Schürmann, L., Kommentar zu Art. 5 KG, S. 86.

146 BGE 94 II 329 ff. und mit ihm in der Lehre Schluep W.R., WuR (1969) Kontrahierungspflicht, S. 216; Merz H., Kartellgesetz, S. 49 ff.; Mattmann H., a.a.O., S. 59.

147 Urteil i.S. Denner AG gegen Schweizerischer Bierbrauerverein und Mitbeteiligte vom 28. November 1972; gleicher Meinung: Schürmann L., Kommentar zu Art. 5 KG, S. 83/84 und dergl. WuR 1973, S. 91.

148 BGE 98 II 376 Erw. 4a, Homburger, Rechtsgrundlage bei Anwendung des KG, ZSR 89 (1970) II, S. 69; Mattmann H., a.a.O., S. 58.

149 Schürmann L., Kommentar zu Art. 5 KG, S. 87.

nünftigen Grenzen zu halten". Die Bestrebungen, unlautere Mittel im Wirtschaftskampf auszuschalten, sind vielmehr zu begrüssen (150). Problematisch ist die Regelung jedoch deshalb, weil das loyale Verhalten der Vereine auf dem Transfermarkt
hauptsächlich auf Kosten der Spieler erzwungen werden soll. Gewiss ist dem Verband ein schutzwürdiges Interesse zur Gewährleistung des lauteren Wettbewerbs zuzuerkennen. Dass er seine Statuten mit entsprechenden Beschränkungen versieht,
ist nur verständlich. Auch der Spieler muss sich als Angehöriger dieser Gruppe Einschränkungen gefallen lassen. Eine Reglementierung ohne Einwirkungen auf die
wirtschaftliche Betätigung ist undenkbar. Mit aller Deutlichkeit sei dies gesagt: Es
soll nicht der Eindruck entstehen, vom Verband werde eine Regelung verlangt, die
den Spieler in diesem Bereich unberührt lasse. Wer in irgendeiner Form am Vereins-
leben teilnimmt, ist sich von vornehrein gewisser Beeinträchtigungen der persönlichen Freiheit bewusst. Der Boykott hält aber vor den Grundsätzen der Proportionalität und der Subsidiarität nicht stand (151). Ein Blick in andere Branchen genügt, um
diese Aussage zu bestärken. So hat das Bundesgericht eine analoge Regelung des
Coiffeurmeisterverbandes als unverhältnismässig betrachtet (152). Das eingesetzte
Mittel soll "unter möglichster Schonung der Freiheit des Einzelnen" verwendet werden (153). Gerade dieser Forderung wird die Regelung der NL nicht gerecht. Erstrebt ein Verband eine Regelung des Arbeitsmarktes, so ist er vorerst gehalten, entsprechende Absprachen mit seinen Mitgliedern zu treffen. Erst wenn sich diese Vorkehren als unzulänglich erweisen, könnte eine Regelung ins Auge gefasst werden,
wie sie die NL für ihre Spieler vorgesehen hat. Der Boykott des Spielers missachtet
aber auch den Grundsatz der Subsidiarität, weil zwischen den möglichen Arten der
Massregelung nicht diejenige getroffen wurde, welche nur die unbedingt erforderli-
che Beeinträchtigung der Freiheit des Betroffenen mit sich bringt (154). Der Grundsatz der Subsidiarität zwingt zu einem "differenzierten und abgestuften Einsatz"
der Wettbewerbsbehinderung (155). Nur wenn eine Vorkehr diesen Grundsätzen
gerecht wird, kann der Rechtfertigungsgrund von Art. 5 Abs. 2 lit. a KG bejaht werden. Dies wird häufig – wie hier – dann nicht zutreffen, wenn der Verband eine nur
für ihn günstige Regelung trifft, ohne die Einzelinteressen zu berücksichtigen.

Einen weiteren Rechtfertigungsgrund nennt Art. 5 Abs. 2 lit. c KG. Durch überwiegend schutzwürdige Interessen können Vorkehren gerechtfertigt sein, wenn sie
"die Förderung einer im Gesamtinteresse erwünschten Struktur eines Wirtschaftszweiges oder Berufes" bezwecken (156). Es gilt zu beachten, dass eine *Förderung*

150 So auch das Bundesgericht in BGE 73 II 65 ff.
151 Diese Grundsätze sind gleichfalls heranzuziehen, Schluep W.R., WuR 1969, Kontrahierungs-
    pflicht, S. 216 (oben), Merz H., Kartellgesetz, S. 56.
152 BGE 73 II 65 ff., insbes. S. 77/78.
153 Merz H., Kartellgesetz, S. 51.
154 Mattmann H., a.a.O., S. 54; Merz H., Kartellgesetz, S. 51.
155 Merz H., Kartellgesetz, S. 52; auch nach Mattmann H., a.a.O., S. 54 hat die Massregelung
    von der milderen stufenweise zur schärferen Massnahme überzugehen.
156 BGE 94 II 338 Erw. 5a = Pr. 58 Nr. 103.

des Berufes Ziel der Vorkehr sein muss, eine "rein beharrende Haltung" rechtfertigt den Boykott nicht (157). Zur Lösung der Fragen würde nicht beitragen, wenn wir die vom Bundesgericht entschiedenen Fälle beizögen. Im Falle Rentchnick (158) wurde ausdrücklich darauf hingewiesen, dass "die besonderen Umstände des Einzelfalles zu berücksichtigen sind" und der blosse Hinweis auf Präzedenzfälle nicht genüge. Allerdings sind die allgemeinen Äusserungen auch für dieses Ergebnis von Bedeutung. Namhafte Autoren (159) sind der Meinung, dass der Rechtfertigungsgrund von Art. 5 Abs. 2 lit. c KG eng auszulegen ist. Diese Interpretation hat das Bundesgericht im Fall Rentchnick (160) denn auch übernommen.

Prinzipiell stehen sich in unserem Sachverhalt zwei Individualinteressen entgegen. Das Verbandsinteresse ist auf die Erhaltung der Berufsstruktur gerichtet. Die gegenseitige Beschränkung des Leistungsmarktes, des Marktes der Einwilligungen und besonders das Freigabeverfahren sollen verhindern, dass es nur einer kleinen Zahl von Vereinen möglich ist, sich im wirtschaftlichen Konkurrenzkampf zu behaupten. Die Regelung der Spielerübertritte beabsichtigt aber auch, die Vereine vor sich selber zu schützen. Diesem Zwecke dient beispielsweise das Reglement zur Begrenzung der Spielerentgelte und Transfersummen. Der Boykott — um den es hier geht — kann zwei verschiedenen Zwecken dienen. Einerseits vermag er den transferwilligen Spieler am Übertritt zu hindern und ihn der Mannschaft zu erhalten. Zum anderen kann der Gefahr entgegengewirkt werden, dass "finanzstarke" Vereine weniger bemittelten Clubs ihre besten Spieler durch interessante Angebote abwerben. Hier zeigt sich das Freigabeverfahren als wirksames Instrument zum Schutz der Vereine gegenüber der Konkurrenz. Das finanzielle Angebot an Verein und Spieler kann noch so verlockend sein, die Verweigerung der Freigabe vermag den Transfer zu verhindern. Diese Regelung, so wird man von Verbandsseite ausführen, wirke dem Niedergang einzelner Vereine entgegen und trage somit zur Erhaltung des Berufes bei. Es kann sicher nicht im Interesse der Spieler liegen, wenn nur einige wenige Vereine in der Lage sind, am bezahlten Fussballsport teilzunehmen. Viele der heute im Fussball beschäftigten Spieler könnten angesichts einer solchen Entwicklung keine Arbeitgeber mehr finden, denn je kleiner die Zahl der Vereine, desto weniger Spielerleistungen werden auf dem Markt nachgefragt. Auch aus einem anderen Grund wäre es nicht wünschenswert, wenn nur noch vier oder fünf Mannschaften über die Landesgegenden verteilt, sich an den Spielveranstaltungen des bezahlten Fussballs beteiligten. Die regionale Verteilung der Vereine wiese dann nicht mehr jene Dichte auf, wie sie den heutigen Verhältnissen entspricht. Vielen "Konsumenten" des Fussballsports würde eine Reduktion der zur Zeit 28 NL-A und B Vereine die Möglichkeit nehmen, an ihrem

---

157 Schürmann L., Kommentar zu Art. 5, S. 91; Merz H., Kartellgesetz, S. 59.
158 BGE 94 II 329; Mattmann H., a.a.O., S. 58.
159 Merz H., Das schweizerische Kartellgesetz, S. 62 ff. und ZbJV 1967, S. 23; Deschenaux H., ZSR 87 (1968) I, S. 90, kritisiert damit das bundesgerichtliche Urteil BGE 91 II 25 (A. Martin S.A. contre Association suisse des fabricants de cigarettes).
160 BGE 94 II 338 Erw. 5a.

Wohnort oder in der nächsten Umgebung Fussballspiele zu verfolgen. Wenn man bedenkt, welche öffentliche Dimension (161) der Sport, im besonderen der Fussballsport in jüngster Zeit angenommen hat, wird man dieses Faktum nicht gering schätzen dürfen. Liegt somit eine derartige Reglementierung des Spielerwechsels tatsächlich im Gesamtinteresse, wenn doch sowohl die Vereine als auch die Spieler und die Konsumenten ein Interesse an den fraglichen Bestimmungen haben müssen? Was bedeutet "Gesamtinteresse"? Nicht diesem Begriff zuzuordnen sind das Konsumenteninteresse und jegliches Gruppeninteresse (162). "Das Gesamtinteresse muss dem bonum commune gleichgesetzt werden." (163) Damit sind zwei Bereiche ausgenommen, die im vorliegenden Sachverhalt eine grosse Rolle spielen. Ein Gesamtinteresse im Sinne des Gesetzes ist deshalb zu verneinen. Selbst wenn die Veranstaltung und Ermöglichung von Spielen im Gemeinwohl läge, so ändert das Ergebnis nicht. Zwischen der straffen Reglementierung und der Möglichkeit Spielveranstaltungen überhaupt durchzuführen, besteht kein derart enger Zusammenhang, dass der Spielbetrieb ohne die getroffene Transferregelung unmöglich würde. Würde man die Sperre — weil im Gesamtinteresse liegend — als Rechtfertigungsgrund anerkennen, dann wäre damit gleichzeitig gesagt, der Spielbetrieb könnte in der heutigen Form ohne die geltenden Transferbestimmungen nicht aufrecht erhalten werden. Solche Überlegungen entbehren einer soliden Grundlage.

Wenden wir uns dem zweiten Individualinteresse zu, nämlich dem Interesse des Spielers, sich am Wettbewerb frei beteiligen zu können. Dieses stellt nach Ansicht von Deschenaux (164) einen überprivaten Wert (valeur supraprivée) dar, der mit dem Merkmal des Gesamtinteresses ausgestattet ist. Beeinträchtigungen Dritter im Wettbewerb rechtfertigen sich nur dann, wenn private Interessen, "die positiv dem Gesamtinteresse entsprechen" (165), vorliegen (166). Wenn einerseits das Individualrecht des Spielers mit so hohem Wert ausgestattet wird und andererseits ein "Gesamtinteresse" gegenübersteht, das den Anforderungen des Gesetzes nicht genügt, kann der Rechtfertigungsgrund des Art. 5 Abs. 2 lit. c KG nicht zugunsten des Verbandes durchschlagen.

Würde man annehmen, das Gesamtinteresse sei gegeben, und dieses sei höher zu bewerten als das Individualinteresse des Spielers, dann stünde einer Bejahung des Rechtfertigungsgrundes und damit des Boykotts anderes entgegen. Wenn schon in der Aufhebung des Boykotts ein schwerer Nachteil für die heutige Verbandsstruktur zu erblicken wäre, müsste dieser Nachteil dargelegt und glaubhaft gemacht werden können (167). Diese Prognose dürfte nur schwer mit guten Argumenten zu unter-

---

161 Stern K., Grundrechte der Sportler — Fragen der Sportsgerichtsbarkeit, Vortrag vor der Juristischen Gesellschaft zu Kassel am 1. November 1972.
162, 163 Schluep W.R., Markenschutzgesetz, S. 399.
164 L'esprit de la loi sur les cartels, Festgabe P. Carry 1964, S. 218.
165 Diese Auffassung hat das Bundesgericht im Denner-Entscheid BGE 98 II 365 modifiziert, indem nun jene Interessen genügen, "welche dem Gesamtinteresse nicht zuwiderlaufen".
166 Deschenaux H., Festgabe, S. 218; Schluep W.R., WuR 1969, Kontrahierungspflicht, S. 216.
167 Merz H., Kartellgesetz, S. 64.

mauern sein, denn die Beseitigung des Boykotts würde nicht automatisch zum Ruin für gewisse Vereine führen. Der allgemeine Grundsatz der Verhältnismässigkeit und der Subsidiarität (168) verlangt gerade in einem solchen Fall einen abgestuften Einsatz der Massregelungen (169). Sollte sich bei der Anwendung einer milderen Massnahme zeigen, dass die Entwicklung eine unerwünschte Richtung einschlägt, könnte stufenweise zu schärferen Massnahmen gegriffen werden. Der Rechtfertigungsgrund verlangt ferner eine im Gesamtinteresse erwünschte *Förderung* eines Berufes. Der Boykott trägt jedoch zur Förderung nichts bei. Betrachtet man das Freigabeverfahren in der Amateurliga, in der die Spieler keine finanziellen Vorteile aus ihrer fussballerischen Tätigkeit ziehen dürfen, so fällt auf, dass der Boykott auch hier zulässig ist (171). Man könnte argumentieren, der Amateurspieler übe auf dem Spielfeld keinen Beruf im technischen Sinn aus, weil seine Tätigkeit nicht zur Bestreitung des Lebensunterhaltes beiträgt. Also könne der Boykott nicht die Struktur eines Berufes fördern. Der Boykott in der Amateurliga muss jedoch im Gesamtzusammenhang gesehen werden. Für den Schweiz. Fussballverband, nicht nur für die NL, liegt die Aussperrung im Interesse ihrer Verbandsstruktur. Es scheint, dass der Boykott als wirksames Mittel — seit Jahren im Fussballsport "üblich" — auf eine beharrende Haltung des Verbandes hindeutet. Eine Förderung wäre dann anzunehmen, wenn die heutige Regelung im Vergleich zu früheren Reglementen einen echten Fortschritt für die betreffende Branche darstellte.

4. Beurteilung nach UWG?

Um den Boykott unter diesem Gesichtspunkt zu würdigen, müsste eine unlautere Führung des Wettbewerbs vorliegen (172). Der Lauterkeitsschutz fragt nach der Art und Weise der *Durchführung* einer Wettbewerbshandlung, ist sie unzulässig, so kann der Verletzte sie beseitigen lassen (173). Das Organisieren einer Meidung durch Vertrag und Statut, wie es im vorliegenden Fall geschieht, "entzieht sich dem UWG" (174). Der Freiheitsschutz fragt demgegenüber nach den *Auswirkungen* einer Wettbewerbshandlung (175). Wird das Recht des Spielers auf freie Betätigung beschränkt?

168 Das Bundesgericht zieht die beiden Grundsätze auch bei Art. 5 Abs. 2 lit. c KG heran, Merz H., Kartellgesetz, S. 64 auf BGE 91 II 25 verweisend.
169, 170 Mattmann H., a.a.O., S. 54.
171 Vgl. dazu Art. 62 Ziff. 2 und 4 WR: Der Übertritt eines Kontingentspielers bedarf der Zustimmung des bisherigen Vereins.
172 Kummer M., Anwendungsbereich und Schutzgut der privatrechtlichen Rechtsätze gegen unlauteren und gegen freiheitsbeschränkenden Wettbewerb, Abh. zum schweizerischen Recht NF Heft 338, S. 142.
173 Kummer M., a.a.O., S. 143.
174 Kummer M., a.a.O., S. 142.
175 Kummer M., a.a.O., S. 144.

Die Art und Weise der Beschränkung ist aufgrund der Bestimmungen über das UWG zu prüfen (176). Deshalb ist, was die bundesgerichtliche Praxis "als Mittel des Boykotts" bezeichnet, ebenfalls eine Frage, die sich gestützt auf das UWG entscheidet (177). "Im einzelnen mag dann freilich fraglich sein, ob ein und derselbe Sachverhalt gegen beide Gesetze verstosse" (Gesetze gegen Wettbewerbsbeschränkungen und Gesetze gegen den unlautern Wettbewerb (178).Diese von einer (nicht höchstrichterlichen) Rechtsprechung (179) vertretene Meinung setzt sich in Widerspruch zur Lehre (180), wenn sie ausführt, der Boykott sei eo ipso unlauter (181). Auf diese unterschiedlichen Auffassungen sei hier immerhin noch verwiesen.

Eine grundsätzliche Bemerkung am Schluss dieses Abschnittes sei noch gestattet. Es ist heute nicht nur der Fussballspieler, der einem autonomen Verbandsrecht unterworfen ist, "das die Verhängung von Straf- und Disziplinarmassnahmen wegen Handlungsweisen vorsieht, die von der staatlichen Rechtsordnung nicht nur gebilligt, sondern als unveräusserliche und unentziehbare Rechte des einzelnen ausgewiesen sind" (182). In den meisten andern Sportverbänden ist eine gleiche, Unbehagen auslösende Praxis zu beobachten. Erinnert man sich, dass hier *Sport*verbände, als solche wollen sie bezeichnet sein (183), Sperren ausfällen, die nicht Folge von Verletzungen sportlicher Verhaltensnormen sind, "sondern allein der Verfolgung davon unabhängiger Eigeninteressen des Verbandes vor allem in wirtschaftlicher Hinsicht dienen" (184), so scheint die Bezeichnung "Sportverband" fehl am Platz. Wenn unnötigerweise Freiheitsrechte verletzt werden, so muss deren Verletzung von der Rechtsordnung missbilligt werden.

III. *Der Einbezug des Satzungsrechts als Vertragsklausel (Art. 4 SV) und Art. 27 ZGB als Schranke der Vertragsfreiheit*

Art. 27 Abs. 2 ZGB schützt die Persönlichkeit vor Entäusserung oder vor Beschränkung der Freiheit in einem das Recht oder die Sittlichkeit verletzenden Grade (185). "Verträge, die gegen diesen Grundsatz verstossen, sind nichtig (Art. 20 OR)." (186)

---

176 Kummer M., a.a.O., S. 143.
177 Kummer M., a.a.O., S. 145, damit die Praxis des Bundesgerichtes kritisierend.
178 Schluep W.R., Vom lauteren zum freien Wettbewerb, GRUR (1973), Heft 6/7, S. 448 sowie die dort zitierten Autoren.
179 Handelsgericht des Kantons Zürich, SJZ 59 (1963), S. 9 ff.
180 Kummer M., a.a.O., S. 142.
181 Schluep W.R., Vom lauteren zum freien Wettbewerb, GRUR (1973) Heft 6/7, S. 448.
182 Stern K., S. 149.
183 Auch das Bundesgericht hat die Nationalliga in BGE 97 I 490 ff. als Sportverband bezeichnet.
184 Stern K., S. 156.
185 BGE 84 II 276 Erw. 4.
186 BGE 84 II 276 Erw. 4.

Der Anwendungsbereich von Art. 27 Abs. 2 ZGB ist in der Literatur (187) und in der Rechtsprechung (188) eingehend abgesteckt worden. Die erarbeiteten Kriterien sind massgebend, die Gültigkeit von Art. 4 SV zu beurteilen. Die Gültigkeit von Vertragsklauseln orientiert sich nämlich an Art. 27 ZGB (189).

Die Ausführungen über die Rechtsnatur des Spielervertrages haben ergeben, dass das Satzungsrecht zum integrierten Bestandteil des Vertrages wird. Die Form der Übernahme der AGB ist rechtmässig geschehen (190). Mit der Unterzeichnung sind auch das Freigabeverfahren und der Boykott in den Vertrag einbezogen. Somit ist hier noch zu prüfen, ob diese Bestimmungen vor Art. 27 ZGB standhalten. Weil der Spieler durch den Spielervertrag an das Satzungsrecht gebunden wird, interessiert Art. 27 ZGB in seiner Funktion als Schranke der Vertragsfreiheit. Die zitierte Norm "verbietet ganz allgemein jede Abmachung, jeden Vertrag, jede Verpflichtung, jeden Verzicht auf ein Recht, wenn dadurch die Freiheit und Würde der Person in Frage gestellt wird" (191). So muss denn die Frage lauten: Kann sich ein Spieler vertraglich dem Freigabeverfahren und der Boykottregelung unterwerfen oder überschreitet er die Grenzen, welche die Rechtsordnung der Selbstbeschränkung setzt?

Es ist nicht einfach, brauchbare *Kriterien* zu finden, nach denen sich die Zulässigkeit eigenen Freiheitsbeschränkung bestimmen lässt (192). Ein erster Gesichtspunkt ist der *objektive Massstab* (193). Nicht die persönliche, subjektive Meinung der beteiligten Personen ist massgebend für die Gültigkeit eines Rechtsgeschäftes (194). Es kann demnach nicht darauf ankommen, dass der Verein und der Spieler willentlich diese Regelung vereinbart haben. Deswegen wird die Verpflichtung noch nicht rechtmässig. Ein weiteres Kriterium berücksichtigt noch einmal die *entgegenstehenden Interessen* des Verpflichteten und des Berechtigten. (195) Fehlt ein schutzwürdiges Interesse der Gegenpartei an der Verpflichtung, so ist die Gültigkeit dieser Verpflichtung zu verneinen (196). Hier muss es genügen, wenn auf die diesbezüglichen ausführlichen Erörterungen beim Boykott verwiesen wird (197). Eine Abwägung der Interessen müsste auch hier zum Ergebnis führen, dass die Interessen des Verbandes nicht derart überwiegen, wie sie zur Rechtfertigung dieser Verpflich-

---

187 Hinderling W., Basler Studie 1966, S. 20/21; Bucher E., Die Ausübung der Persönlichkeitsrechte, insb. die Persönlichkeitsrechte des Patienten als Schranke der ärztlichen Tätigkeit, Diss. Zürich 1956, S. 96/97; Künzler F., a.a.O., S. 30 ff. Oftinger K., Vertragsfreiheit S. 328/329 und Simonius A., Festgabe, S. 278.
188 Stellvertretend für viele 84 II 276 Erw. 4.
189 Künzler F., a.a. O., S. 32.
190 Vgl. vorne S. 45.
191 Künzler F., a.a.O., S. 26.
192 Tuor P., ZGB, S. 76.
193 Künzler F., a.a.O., S. 42.
194 Künzler F., a.a.O., S. 42.
195 Künzler F., a.a.O., S. 42 ff.; Egger A., Zürcher Kommentar, N. 59 zu Art. 28 ZGB und Tuor P., ZGB, S. 77 mit dem Hinweis auf ungedruckt gebliebene Vorträge von Eugen Huber.
196 Künzler F., a.a.O., S. 43.
197 Vgl. vorne S. 76 ff.

tung notwendig wären. Einer vertraglichen Beschränkung ist das geschützte *Rechtsgut* des Spielers durchaus zugänglich, denn die Verwertung der Arbeitskraft ist dazu bestimmt, "von der Person in den Verkehr gestellt zu werden" (198). Nur darf die Verpflichtung keine übermässige sein (199). Auf die Frage, wann eine Verpflichtung übermässig ist, wird noch zurückzukommen sein (200). Das *Entgelt* (Gegenleistung) ist bei der Beschränkung der wirtschaftlichen Betätigungsfreiheit ebenfalls in Rechnung zu stellen (201). Steht dem vertraglich übernommenen Nachteil ein Vorteil gegenüber, der den Verzicht aufwiegt, so könnte bedenkenlos einer Selbstbeschränkung zugestimmt werden (202). Gewichtige Gründe sprechen gegen die Annahme, dem Spieler werde für seinen Verzicht eine Entschädigung ausgerichtet. Die recht straffe Reglementierung der Spielerentgelte (203) hindert den Spieler, seine Arbeitskraft materiell nach seinem Belieben zu verwerten. Noch während seiner Tätigkeit als Fussballspieler muss er sich gewisse Einschränkungen gefallen lassen. Die Beschränkung nach Art. 27 ZGB verlangt aber gerade, dass die mit der Verpflichtung verbundene Verzichtleistung abgegolten wird. Ist eine Sperre einmal ausgefällt, so verliert der Spieler seinen Anspruch auf Zuwendungen durch den Verein (Ziff. 12 NA-Statut). Mit der Sperre durch den Verein oder die zuständige Behörde des Verbandes der NL fallen die Zuwendungen dahin. Eine Gegenleistung, die den Rechtsverzicht rechtfertigte, erhält der Spieler nicht. Ein weiteres wichtiges Kriterium für die Beurteilung des Sachverhaltes ist die *Stellung der Parteien* (204). "Verträge unter Gleichgestellten sind anders zu beurteilen als Verträge mit einer wirtschaftlich abhängigen Gegenpartei. (205) Der Grundgedanke des Gesetzes geht dahin, der schwächeren Vertragspartei einen erhöhten Schutz angedeihen zu lassen (206). Die Stellung eines Spielers muss im Verhältnis zum monopolistischen Verband als recht schwach bezeichnet werden. Daran ist nicht zuletzt die Tatsache schuld, dass die Spieler keine Gewerkschaft bilden. Als einzelne Arbeitnehmer bleiben sie gegenüber dem Verband ohne Gewicht. Dies äussert sich in der Art und Weise der Beschlussfassung, in der fehlenden Mitsprache, in der Tarifierung der Zuwendungen und nicht zuletzt in der Verpflichtung der Vereine, beim Abschluss mit einem Spieler den vorformulierten Vertrag zu verwenden (207). Dass diese Umstände nicht da-

198 Künzler F., a.a.O., S. 47; BGE 84 II 23 Erw. 4a, 88 II 174 und zuletzt BGE 95 II 57.
199 BGE 95 II 57.
200 Vgl. nachfolgende S. 91.
201 Egger A., Zürcher Kommentar, N. 19 zu Art. 27 ZGB.
202 Künzler F., a.a.O., S. 47 mit dem Hinweis auf Becker H., Berner Kommentar N. 62 zu Art. 19 OR, der selbst eine starke Einschränkung der wirtschaftlichen Verwertung der Arbeitskraft als zulässig erachtet, wenn ein allfälliges Konkurrenzverbot bereits beim Entgelt berücksichtigt ist.
203 Vgl. die Art. 13–16 Regl. zur Begr. der TS.
204 Egger A., Zürcher Kommentar, N. 19 zu Art. 27 ZGB und Künzler F., a.a.O., S. 49.
205 Egger A., Zürcher Kommentar, N. 19 zu Art. 27 ZGB.
206 Künzler F., a.a.O., S. 49.
207 Art. 22 Regl. zur Begr. der TS.

zu angetan sind, den Rechtsverzicht des Spielers aufzuwiegen, liegt offen auf. Nicht ausschlaggebend für die Zulässigkeit eines Tatbestandes ist, dass ein Zustand "der allgemeinen Übung" entspricht, "gang und gäbe" ist (208). Deshalb findet keine Berücksichtigung, dass im Fussballsport das Recht des alten Vereins auf Einsprache "üblich" ist. Wenn eine Branche derartige Abmachungen vereinbart, so ist über deren rechtliche Zulässigkeit noch nichts entschieden (209).

Die Wertung aufgrund dieser Kriterien erlaubt, zu einer eindeutigen Schlussfolgerung zu gelangen: Die vertragliche Beschränkung, die ein Spieler mit der Unterzeichnung des Arbeitsvertrages auf sich nimmt, hält vor Art. 27 Abs. 2 ZGB nicht stand. Dieses anhand von theoretischen Überlegungen erarbeitete Ergebnis findet seine Bestätigung in der Praxis des Bundesgerichtes zum vorerwähnten Artikel. "Art. 27 will nur die *persönliche Freiheit* vor zu weit gehenden, den guten Sitten widersprechenden vertraglichen Eingriffen schützen." (210) In negativer Formulierung führt das Bundesgericht im zitierten Urteil aus, dass die "Aufgabe oder Beschränkung der *Entscheidungsfreiheit* dann nicht gegen Art. 27 Abs. 2 ZGB verstosse, wenn sie die wirtschaftliche Existenz des Vertragsschliessenden *nicht* gefährde" (211). Damit hat es insbesondere nicht ausgeführt, wann ein Versprechen auf Zahlung von Geld unzulässig ist (212). Kann sich ein Spieler zu einem zwei- oder dreijährigen Boykott verpflichten? In der Wirkung kommt der Boykott jener eines Konkurrenzverbotes sehr nahe. Will der Arbeitgeber verhindern, dass der Spieler seine Leistungen für einen andern Verein erbringt, so bedient er sich der Sperre, die als solche die wirtschaftliche Betätigungsfreiheit beschränkt. "Konkurrenzverbot" ist hier aber nicht als Rechtsbegriff im Sinne des Arbeitsvertragsrechts zu begreifen, denn die Voraussetzungen des Gesetzes erfüllt es nicht (213). Trotzdem trägt zur Lösung bei, wenn die weiteren Voraussetzungen für die Gültigkeit eines Konkurrenzverbotes herangezogen werden. Die wirtschaftliche Beschränkung muss zeitlich, örtlich und sachlich angemessen sein (214). Selbst wenn man die zeitliche Schranke als zulässig erachtet, (ein zweijähriges Konkurrenzverbot ist keine Seltenheit), so ist in jedem Fall die örtliche Beschränkung nicht angemessen. Bereits ein Verbot, am bezahlten Fussballsport in der NL nicht mehr teilzunehmen, geht über das hinaus, was Art. 27 ZGB dem Einzelnen noch zugesteht. Wie bekannt ist, kann dieses Verbot auch auf ausländische

---

208 Künzler F., a.a.O., S. 52.
209 Die Tatsache, dass eine Beschränkung "allgemein üblich" ist, kann ein Indiz für deren rechtliche Zulässigkeit sein: Künzler F., a.a.O., S. 53.
210 BGE 95 II 57 (Präzisierung der Rechtsprechung).
211 BGE 95 II 57: Das Bundesgericht verneint ausdrücklich, dass der Umkehrschluss getan werden darf. Zum Vergleich seien frühere Urteile genannt: BGE 40 II 240, 51 II 167 ff., 84 II 23 und 88 II 174 = Pr. 51 Nr. 128.
212 BGE 95 II 58.
213 Guhl/Merz/Kummer, S. 409 ff. Man wird nicht im Ernst behaupten können, der Spieler erhalte "Einblick in Kundenkreise oder Fabrikations- und Geschäftsgeheimnisse" und eine Schädigung des früheren Arbeitgebers sei durch Verwendung dieser Kenntnisse möglich (S. 410). Die Beeinträchtigung des Arbeitgebers wird vielmehr durch die persönliche Tüchtigkeit des Arbeitnehmers herbeigeführt (BGE 56 II 439).
214 BGE 51 II 162; für das Konkurrenzverbot Guhl/Merz/Kummer, S. 411.

Verbände ausgedehnt werden. (215) Die Entschlussfreiheit ("liberté de décision") als Schutzgut wird in erheblichem Masse beschränkt (216). Zum andern ist eine Gefährdung der wirtschaftlichen Existenz des Spielers durchaus möglich, wobei im Einzelfall zu prüfen ist, wie hart der Boykott den Spieler trifft, welche finanziellen Auswirkungen die Sperre zeitigt. Dieses Ergebnis wird bestärkt durch Ziff. 12 des NA-Statuts, der den Entzug jeglicher Zuwendungen an den gesperrten Spieler vorsieht. Selbst jener Spieler, für den die Zuwendungen aus seiner sportlichen Tätigkeit nur Nebenverdienst sind, kann seine wirtschaftliche Existenz gefährdet sehen. Eine vertragliche Bindung, die derartige in der Zukunft liegende Nachteile bringen kann, verstösst gegen Art. 27 Abs. 2 ZGB.

Diese Schlussfolgerung zeitigt Auswirkungen: Art. 4 des Spielervertrages verweist auf AGB, die mit der Übernahme zum Vertragsinhalt geworden sind. Vorne (217) wurde dargelegt, dass AGB, die auf unzulässige Weise die persönliche Freiheit beschränken, die rechtliche Geltung versagt bleibt. Aus den Erwägungen geht hervor, dass die Verpflichtung Art. 27 ZGB zuwiderläuft. Die AGB erlangen deshalb im Rahmen der vertraglichen Verpflichtung keine Geltung.

E. Der Boykott im Lichte des Strafrechts, im besonderen der Delikte gegen die Freiheit

I. Vorbemerkungen

In jedem Fall, in dem ein Boykott das Recht der Persönlichkeit im Sinne des Art. 28 ZGB verletzt, ist die Möglichkeit zu bedenken, dass das Verhalten des Boykottierenden einen Tatbestand des Strafrechts setzen könnte. Gemeint sind die Tatbestände des 4. Titels der Verbrechen und Vergehen gegen die Freiheit (Art. 180—186 StGB). Wie aus dem Titel hervorgeht, schützen diese Normen, gleich wie die des Persönlichkeitsschutzes im Zivilrecht, die Freiheit der Person. Erinnert sei daran, dass ein Spieler oft nur durch die Androhung eines Boykottes von einem Transfer abgehalten werden kann oder, dass die Androhung bzw. Durchführung der Sperre die Willensbildung bei der Wahl des neuen Vereins "behindern" kann. Diesfalls erhebt sich die Frage, ob der Tatbestand der Nötigung erfüllt sei. "Wer jemanden durch Gewalt oder Androhung ernstlicher Nachteile oder durch andere Beschränkung seiner Handlungsfreiheit nötigt, etwas zu tun, zu unterlassen oder zu dulden, wird mit Gefängnis oder mit Busse bestraft" (Art. 181 StGB) (1). Nicht die "Gewalt"

---

215 Vgl. vorne S. 74.
216 Vgl. dazu Schluep W.R., Kontrahierungspflicht, WuR 1969, S. 207.
217 Vgl. vorne S. 45.
  1 Vergleicht man die gesetzliche Definition der Nötigung mit dem von der bundesgerichtlichen Rechtsprechung entwickelten Begriff des Boykotts (vorne S. 69), so fällt auf, wie ähnlich die beiden sind (Schultz H., in ZStR 74/1959, S. 277).

(2), jedoch die "Androhung ernstlicher Nachteile" wird im Mittelpunkt der Erörterungen stehen. Es sei jedoch gleich vorweg gesagt, dass die Grenze zwischen strafbarer und strafloser Nötigung nicht ein für allemal bestimmt werden kann. Wieviel Zwang noch zulässig ist, kann bei der Nötigung "heikel und diskutabel" sein (3). Deshalb ist es erforderlich, den für die Beurteilung des Tatbestandes massgebenden Bereich abzugrenzen.

II. Der für die Beurteilung des Sachverhaltes relevante Bereich

1. Der Boykott eines Spielers

Jeder Vereinswechsel setzt voraus, dass der alte Verein dem Spieler die Freigabe erteilt (Art. 6 und 7 QR). Voraussetzung hiefür wiederum ist in der Regel die Einigung des alten und des neuen Vereins über die Ablösesumme. Scheitern diese Verhandlungen, so wird der alte Verein die Freigabe verweigern. Besteht in einem solchen Fall der Spieler auf einem Clubwechsel, so kann über ihn der Boykott verhängt werden, was auch die Regel bilden dürfte (4). Dem boykottierten Spieler ist es verwehrt, an den Spielveranstaltungen der NL teilzunehmen. Auch die Amateurliga sowie die Teilnahme an Spielveranstaltungen eines ausländischen Verbandes bleiben ihm versagt. Während für den Übertritt zu einem Amateurverein die Freigabe des alten Vereins notwendig wäre, erfordert der Übertritt zu einem ausländischen Verein die Freigabe durch den alten Verein *und* den Zentralvorstand (5). Verweigert der Verein die Freigabe, so wird auch der Verband einem Übertritt zu einem ausländischen Verein nicht zustimmen. Befindet sich der Spieler dermassen in einer Boykottsituation, so bleibt die Sperre meistens nicht über die volle Zeitspanne bestehen, weil sowohl der bisherige Verein als auch der transferwillige Spieler durch den Boykott Schaden erleiden. Der Verein deshalb, weil der Spieler der Mannschaft nicht mehr zur Verfügung steht; der Spieler, weil die Vermögensleistungen ausbleiben. Regel dürfte es sein, dass der Spieler sich früher oder später dem Druck des Boykotts beugt und seine Transferabsichten aufgibt, um wieder für seinen bisherigen Verein Fussball zu spielen.

Eine weitere Möglichkeit, die einen Boykott für den Spieler nach sich ziehen kann, sei hier noch angedeutet. Es ist denkbar, dass der alte Verein die Freigabe verweigert, weil dieser und der Spieler sich über den neuen Verein nicht einigen können. Hier ist der alte Verein zwar grundsätzlich bereit, einem Transfer zuzustimmen, doch will

2 Schultz H., in ZStR 74/1959, S. 278: Mit Gewalt ist *ausschliesslich* körperliche Gewalt gemeint.
3 Moppert A., in ZStR 88/1972, S. 173.
4 Vgl. dazu ausführlich vorne S. 72 ff.
5 Art. 66 Ziff. 1 WR.

der Verein auf die Wahl des neuen Arbeitsplatzes massgebend Einfluss nehmen. Wählt der Spieler den Verein "X", während der alte Verein gerade diesen Verein ablehnt, weil es sich beispielsweise um den Stadtrivalen handelt, den man nicht noch verstärken möchte, so kann den Spieler als Folge dieser Uneinigkeit der Boykott treffen. Auch der so ausgelöste Boykott wird in der Regel damit beendet sein, dass der Spieler bei jenem Club unterzeichnet, der dem alten Verein genehm ist. Der Spieler beugt sich den Auswirkungen des Boykotts, wohl wissend, dass dies die einzige Möglichkeit ist, die Sperre abzuwenden oder zu beseitigen.

2. Die Boykottdrohung

Das Gesetz (6) lässt es genügen, dass der Täter durch Androhung ernstlicher Nachteile nötigt. Der Tatbestand der Nötigung kann somit erfüllt sein, bevor der Boykott ausgesprochen wird. Die nachteiligen Folgen der Aussperrung müssen nicht notwendigerweise für den Spieler spürbar sein. Beabsichtigt ein Spieler, den Club zu wechseln, so begehrt er zuerst Aufnahme in die offizielle Transferliste (Art. 5bis QR). Ist der Verein damit nicht einverstanden und will er einem Transfer gar nicht zustimmen, so wird er dem Spieler die Aufnahme in die Transferliste verweigern. Im konkreten Fall wird es jedoch genügen, dass der Verein dem Spieler die Konsequenzen androht, die ein Clubwechsel nach sich zieht. Der Verein wird klarlegen, dass jeder Übertrittsversuch eine Sperre zur Folge hat. Die Frage ist erlaubt, ob nicht bereits die Weigerung zur Aufnahme in die Liste eine Nötigung darstellt. Der Verein wird solange nur mit möglichen Konsequenzen drohen, als der Spieler nicht auf einem Übertritt beharrt und er den Absichten des Vereins nicht zuwiderhandelt. Vermag die Androhung des Boykotts beim Spieler keine Sinnesänderung zu bewirken, so schliesst sich in der Regel jener Sachverhalt an, der vorne unter Ziff. 1 dargelegt wurde.

3. Der Spieleragent und der Supporter (7)

Obwohl die Reglemente (8) ausdrücklich den Beizug von Agenten und Vermittlern bei einem Transfer verbieten, ist es offenbar nicht zu vermeiden, dass bei gewissen Übertritten immer wieder Spieleragenten ihre Hand im Spiel haben. Es sei nicht auf die mannigfache Tätigkeit eines Agenten im einzelnen eingetreten, denn wesentlich erscheint nur jener Bereich, in dem seine Tätigkeit den Übertritt berührt. Der Spie-

6 Art. 181 StGB.
7 Vgl. vorne S. 10.
8 Art. 69 WR.

leragent könnte versucht sein, in den Besitz einer Blanko-Freigabeerklärung zu gelangen. Eine solche Erklärung wird zwar gemäss Art. 7 QR zurückgewiesen und ist ungültig, wenn festgestellt wird, dass der Name des gesuchstellenden Vereins nachträglich eingesetzt wurde. Schwierig dürfte es in der Praxis sein, solche Machenschaften zu beweisen. Dass die NL., stellt sie einen derartigen Sachverhalt fest, dem Transfer ihre Zustimmung versagt, ist für die Frage nach einer eventuellen Nötigung irrelevant. Bevor nämlich der Qualifikationsausschuss als prüfende Instanz (9) einen Verstoss gegen die geltenden Reglemente überhaupt feststellt, könnte eine strafbare Handlung des Spieleragenten bereits vollendet sein. Der Spieleragent wird versuchen, den Spieler an den meistbietenden Verein zu transferieren. Dass sich dieses finanzielle Interesse nicht unbedingt mit dem des Spielers bei der Wahl seines neuen Arbeitsortes decken muss, bedarf nicht näherer Erklärung (10). Die Androhung des Boykottes durch den Agenten erscheint auch in diesem Fall als wirksames Mittel, die Willensbildung des Spielers richtungsweisend zu beeinflussen.

Nicht so stark ist die Stellung des Supporters. Zwar kann auch er versuchen, "seinen" Spieler dem ihm genehmen Verein zu überlassen und bei Differenzen mit dem Spieler eine Sperre anzudrohen. Der Spieler befindet sich insofern in einer besseren Position, als alle andern auf der Unterschriftenkarte aufgeführten Personen ebenfalls die Freigabe erteilen können. Nötigung könnte jedoch dann gegeben sein, wenn der Supporter beabsichtigt, den Spieler zu transferieren, der Spieler aber einen Übertritt gar nicht wünscht (11). Erteilt der Supporter die Freigabe, so tut der Spieler gut daran, sich einen neuen Verein zu suchen. Der nicht selten gehörte Hinweis des Supporters, er werde den Spieler beim bisherigen Verein nicht mehr spielen lassen, scheitert allerdings an der Haltung der NL, die in solchen Fällen den Spieler schützt. Was, wenn die Drohung genügt, um dem Spieler den Transfer aufzunötigen?

III. Erfüllen die dargestellten Sachverhalte den Tatbestand der Nötigung des Art. 181 StGB?

1. Das geschützte Rechtsgut

Art. 181 StGB verbietet die durch bestimmte Mittel erzielte Willensbeugung schlechthin (12). Diese Willensbeugung kann in zwei Teilen geschehen: Zuerst wirkt der Tä-

---

9 Gemäss Art. 23 ff. QR.
10 Vgl. dazu vorne S. 11.
11 Solches ist geschehen am Ende der Saison 1972/73 in St. Gallen. Um einen Spieler beim bisherigen Verein halten zu können, musste eine öffentliche Sammlung (!) durchgeführt werden. Nur so konnte die vom Supporter geforderte Summe aufgebracht werden. Der Spieler hatte übrigens nicht die Absicht, den Verein zu verlassen.
12 Schmidt E., Die Nötigung als selbständiger Tatbestand und als Tatbestandselement im Strafgesetzbuch, Diss. Bern 1969, S. 37.

ter auf die Willensbildung des Opfers ein, um das Verhalten des Betroffenen in eine bestimmte vom Täter gewollte Richtung zu lenken (13). Daran schliesst sich "ein Tätigwerden resp. erzwungenes Untätigbleiben" des Opfers an (14). Geschützt ist die Handlungsfreiheit einer Person (15). Sie umfasst die Selbstbestimmung in der inneren Phase der Willensbildung und Willensentschliessung und der äusseren Phase der Willensbetätigung (16). In Übereinstimmung mit der herrschenden Lehre und Praxis kann angenommen werden, der hier verwendete Begriff der Handlungsfreiheit stimme mit der von der Rechtsordnung geschützten persönlichen Freiheit überein (17). Der Nötigungstatbestand schützt somit jenen Bereich, der für die dargelegten Sachverhalte relevant ist. Will ein Spieler den Verein wechseln, so tritt er mit diesem Begehren an die Verantwortlichen des Vereins heran, damit diese die zur Durchsetzung seines Entschlusses notwendigen Schritte unternehmen (bsp. Aufnahme in die Transferliste veranlassen). Lehnt der Verein, d.h. lehnen seine Verantwortlichen ab, so wird der Willensentschluss des Spielers dadurch beeinflusst. Ist der Einfluss des Vereins stark, dann verzichtet der Spieler auf den Vereinswechsel (18). Der Druck hat genügt, den Willensentschluss zum Übertritt umzustossen. Ist der Einfluss des Vereins gering oder glaubt der Spieler ihn gering schätzen zu müssen, schreitet der Spieler von der Willensentschliessung zur Willensbetätigung: Er versucht, gegen den Willen des Vereins den Übertritt zu vollziehen und riskiert, dass der Boykott über ihn ausgesprochen wird. Andererseits kann der Verein die Willensentschliessung und Willensbetätigung eines Spielers dadurch beeinflussen, dass er dem Spieler einen Transfer aufzwingt. Ist ein Boykott einmal ausgesprochen, die Sperre verhängt, so wird die Beeinflussung deswegen nicht geringer. Gerade der Boykott bewirkt, dass der Spieler in seiner Handlungsfreiheit stark beschränkt wird. Der Willensentschluss, mit einem neuen Arbeitgeber zu kontrahieren, und die dazugehörige Willensbetätigung, mit dem neuen Arbeitgeber in Gespräche einzutreten *und* beim neuen Arbeitgeber den Arbeitsvertrag zu unterzeichnen, ist durch den Boykott vereitelt worden. Verzichtet der Spieler fortan, seinen Willen zu bilden und ihn zu betätigen, m.a.W. *beugt er seinen Willen der Boykottdrohung oder dem Boykott*, und lässt er sich derart seine Handlungsfreiheit beschränken, so kann eine bereits ausgesprochene Sperre aufgehoben werden. Der Spieler ist vor die Wahl gestellt, "seinen Willen dem Willen des Täters unterzuordnen oder aber den angedrohten

---

13, 14 Hauser R., in Kriminalistik 14, 1960, S. 175.
15 Schmid E., a.a.O., S. 37.
16 BGE 69 IV 1972; Schmidt E., a.a.O., S. 37; Thormann/Overbeck N. 2 zu Art. 181 StGB, S. 175; Schwander V., Nr. 627, S. 403; Hafter E., S. 92; Logoz P., S. 268; Hug H., Die Drohung im Strafrecht, Diss. Zürich 1924, S. 35; Mezger E., Lehrbuch, S. 202; Welzel H., S. 324; Moppert A. in ZStR Bd. 88, 1972, S. 173.
17 So bei Schmidt E., a.a.O., S. 39, die sich auf die dort zit. Autoren stützt.
18 Vgl. dazu das Interview mit dem internationalen Spieler Jeandupeux im "Sport" vom 2. November 1973, Nr. 127/53. Jahrgang, S. 17. Den beabsichtigten Transfer zum FC Bordeaux habe er unterlassen, weil er nicht eine zweijährige Sperre habe auf sich nehmen wollen. Wörtlich weiter: "Die Spieler in der Schweiz werden behandelt wie ein Stück Vieh."

Nachteil in Kauf zu nehmen" (19). Was hier für die Verantwortlichen eines Vereins gesagt wurde, gilt natürlich ebenso für die Supporter und die Spieleragenten (20).

Wir sind bis anhin immer davon ausgegangen, dass ein verantwortliches Mitglied eines Vereins, ein Supporter oder Spieleragent die Handlungsfreiheit des Spielers wesentlich beeinflusst. Weiter muss geprüft werden, ob nicht die Bestimmungen über die Sperre im Reglement geeignet sind, die Willensbildung und Betätigung eines Spielers durch die blosse Existenz zu beeinflussen. Auf dieses Problem wird im folgenden noch verschiedentlich hinzuweisen sein.

2. Die möglichen Täter

Wenn ein Vereinsmitglied, ein Supporter oder ein Spieleragent dem Spieler mit Boykott droht, so stellen sich bezüglich dieser Täter keine Schwierigkeiten. Als Täter kann jedermann in Betracht kommen, "der über die gesetzlichen Nötigungsmittel verfügt" (21). Dass eine Person durch mündliche oder schriftliche Aussage in der Lage ist, eine Drohung zu äussern, liegt offen auf. Was aber, wenn der Spieler von keinem der genannten Täter mit Boykott bedroht wurde, wenn — ein durchaus denkbarer Fall — der abgebende Verein ohne vorherige Boykottdrohung die Freigabe verweigert, damit den Boykott auslösend? Der Verein hat in diesem Fall nichts anderes getan als die bestehenden Reglemente für sich in Anspruch genommen. Er hat die Freigabe nicht erteilt, die als notwendige Voraussetzung für den Übertritt genannt ist (Art. 6 QR). Dies bedeutet doch, dass allein aufgrund der Bestimmungen in den Reglementen der Boykott ausgelöst werden kann. Müsste man hier, um mit Schultz (22) zu sprechen, "sämtliche Teilnehmer der Delegiertenversammlung" als Täter verfolgen? (23) Denn sie waren es, die durch Beschluss die boykottauslösenden Bestimmungen in Kraft setzten. Müssten sie als Mittäter (24) strafrechtlich zur Verantwortung gezogen werden? So ungewöhnlich dieses Ergebnis auch auf den ersten Blick ist, man würde dadurch den Täterkreis bestimmen können. In der Praxis allerdings dürfte jener Vorgang überwiegen, in welchem der Spieler eigens auf den möglichen Boykott hingewiesen wird. Ist der Boykott allerdings einmal verhängt, so drängt sich die eben gestellte Frage wieder auf. Kann der Spieler nicht durch Boykottandrohung vom beabsichtigten Übertritt abgehalten werden und wird über ihn eine Sperre verhängt, so ist durchaus denkbar, dass in diesem Fall

19 Schwander V., Nr. 628a, S. 403.
20 Vgl. vorne S. 94.
21 Schmidt E., a.a.O., S. 40.
22 Schultz H., in ZStR 74, 1959, S. 284.
23 Schultz H., in ZStR 74, 1959, S. 284: "Wenn wirklich ein strafrechtlicher Tatbestand vorliegt, so würde ich nicht zögern, diese Frage zu bejahen."
24 Schultz H., in ZStR 74, 1959, S. 284.

zwei voneinander unabhängige Täter — sofern Nötigung überhaupt gegeben ist — verfolgt werden müssten: einmal diejenige Person, welche die Boykottdrohung ausspricht und die Teilnehmer an der Delegiertenversammlung der NL, auf deren Beschluss die Sperre zurückzuführen ist.

3. Der Nötigungserfolg

"Der Nötigende macht sich die zwingende Wirkung von Gewalt, Drohung oder anderen Mitteln zunutze, um einen bestimmten Erfolg zu erreichen" (25). Der Erfolg ist für den Täter eingetreten, wenn es ihm gelingt, eine Willensbetätigung des Opfers zu erzwingen (26). Diese Willensbetätigung des Genötigten kann in einem Tun, Unterlassen oder Dulden bestehen, wie aus dem Wortlaut des Gesetzes zu schliessen ist (27). Ein Spieler kann sowohl zu einem Tun als auch zu einem Unterlassen bestimmt werden. Will der Spieler übertreten, so kann er zu einem Unterlassen aufgefordert werden. Will der Verein einen Spieler transferieren, so wird der Spieler zu einem Tun bestimmt. Kommt nun der Spieler diesen Absichten nicht freiwillig nach, so muss er mit Hilfe der Boykottdrohung "gefügig" gemacht werden. Es gehört mit zum Wesen der Nötigung, dass der Täter das Opfer darauf hinweist, der angedrohte Boykott "müsse nicht unbedingt verwirklicht werden" (28). Handelt oder unterlässt der Genötigte gemäss den Weisungen des Täters, so treten die angedrohten Nachteile nicht ein und der Nötigende hat den erstrebten Erfolg erreicht. Handelt oder unterlässt der Genötigte nicht, liegt Nötigungsversuch vor (29). Beugt sich der Spieler den Absichten des Vereins, welcher Natur sie auch immer sein mögen, so hat die Boykottandrohung Erfolg gehabt. Der Nötigungserfolg ist eingetreten. Muss ein Boykott verhängt werden, so läge sein Erfolg in der zwingenden Wirkung des Boykotts selbst, die so lange andauert, bis der Spieler seinen Willen dem des Nötigenden beugt oder die Reglemente ihn vom Boykott befreien.

4. Die Androhung ernstlicher Nachteile

"Mit der Drohung wird ein Übel angekündigt, wobei der Drohende sich selber einen massgebenden Einfluss auf dessen Verwirklichung oder Nichtverwirklichung zu-

25 Schmidt E., a.a.O., S. 41.
26 Hug H., a.a.O., S. 52.
27 So auch Schmidt E., a.a.O., S. 41.
28 Hug H., a.a.O., S. 53.
29 Hug H., a.a.O., S. 53.

schreibt." (30) So gesehen, ist jede Mitteilung, geschehe sie mündlich oder schriftlich oder in einer Gebärde (31), sobald sie die Freiheit des Willensentschlusses beeinträchtigt, als Drohung anzusehen (32). Zu verlangen ist jedoch, dass sie "eine gewisse Intensität aufweist", eine vom Bedrohten als harmlos, unbedeutend oder unmöglich empfundene Drohung vermag nicht zu genügen (33).

Dass die Boykottandrohung an die Adresse des Spielers gerichtet weder als harmlos noch als Drohung mit unmöglichem Inhalt qualifiziert werden kann, mögen zwei Dinge zeigen (34): Da die Reglemente den Boykott vorsehen, ist die Drohung nicht unmöglichen Inhalts. Wegen der Dauer der Sperre (zwei resp. drei Jahre) kann sie wohl auch nicht harmlos genannt werden. Der Spieler steht vor der Alternative, "entweder den angekündigten Nachteil (Boykott) in Kauf zu nehmen, oder sich dem Willen des Drohenden zu beugen" (35). Auf letzteres ist die Einwirkung des Drohenden gerichtet. Für den nötigen Charakter der Drohung ist es nicht erforderlich, dass der Täter die Absicht oder die Möglichkeit hat, die Boykottdrohung gegen den Spieler in die Tat umzusetzen, d.h. die Drohung wahrzumachen (36). Wichtig ist nur, dass der Spieler mit dem Boykott rechnet und "dadurch in seiner Freiheit des Entschlusses möglicherweise behindert wird" (37). Diese Aussage ist insofern von Bedeutung, als sie zwei mögliche Täter (den Spieleragenten und Supporter) miteinschliesst. Beide sind zwar in den Statuten nicht erwähnt bzw. verpönt (38), doch hindert sie im konkreten Fall nichts daran, eine Boykottdrohung auszusprechen. Allerdings könnten sie nur unter grössten Schwierigkeiten und durch Umgehung der Reglemente die Boykottdrohung auch wahr machen. Zu prüfen ist jeweils, wie ernst der betroffene Spieler die Drohung nimmt. Ist es übertrieben zu behaupten, der Spieler sei gar nicht in der Lage abzuschätzen, wer gegen ihn einen Boykott auszufällen vermag und wer nicht? Der Einwand, es liege keine Drohung, sondern eine Warnung vor, wenn der Täter keinen oder nur eventuell Einfluss auf die Verwirklichung des Nachteils nehmen könne, kann hier nicht gehört werden. Wenn der Täter die Sache so darstellt, "als hänge sie von seiner eigenen Macht ab, ob das Unglück hereinbreche oder nicht", so darf man wohl von einer Drohung sprechen (39). Diese Auslegung rechtfertigt sich auch deshalb, weil es nich von vorneherein ausge-

30 Schmidt E., a.a.O., S. 58. Ähnliche Umschreibungen bei Hauser R., in Kriminalistik 14/1960, S. 176; Mezger E., Lehrbuch, S. 203.
31 Schmidt E., a.a.O., S. 59.
32 Hauser R., in Kriminalistik 14/1960, S. 176.
33 Hauser R., in Kriminalistik 14/1960, S. 176; Stratenwerth G., BT I, S. 91.
34 Das zeigt übrigens auch deutlich das vorne auf S. 96 in Anm. 18 erwähnte Gespräch von FCZ-Spieler Jeandupeux mit dem "Sport".
35 Schmidt E., a.a.O., S. 58; Bollag C., S. 68 nennt diese Art der Drohung "bedingte Drohung", weil der Nachteil nur im Weigerungsfalle eintritt.
36, 37 Hauser R., in Kriminalistik 14/1960, S. 176.
38 Vgl. für den Spieleragenten Art. 69 WR. Der Supporter wird von den Reglementen nicht erwähnt, existiert jedoch in der Praxis, vgl. vorne S. 10 f.
39 Stratenwerth G., BT I, S. 90; Bollag C., S. 69; Moppert A. in ZStR Bd. 88, 1972, Heft 2, S. 179: "Ob der Täter bereit oder fähig ist, die geäusserte Drohung im Weigerungsfall zu verwirklichen, spielt keine Rolle." Damit diese Ansicht stützend.

schlossen ist, dass der Spieleragent oder der Supporter den Boykott wahr machen können. So gesehen ist der Druck, den diese Täter ausüben, sicherlich der Boykottdrohung eines Vereinsmitglieds ebenbürtig, das ohne weiteres den Boykott im Weigerungsfalle auslösen kann. Der Sprachgebrauch deutet es bereits an: Wer warnt braucht keine schlechten Absichten zu haben. Der Warnende ist der Dritte, der einen Vorgang erfasst, die Nachteile des Bedrängten voraussieht, auf den Eintritt oder Nichteintritt der Ereignisse jedoch keinen Einfluss nehmen kann (40). Er will dem Gewarnten eigentlich kein Übel zufügen, eher möchte er ihn durch die Warnung vor dem Übel bewahren. Solches Verhalten ist den vorgenannten Tätern nicht zuzubilligen.

Ziff. 7 NA-Statut und Art. 3 QR i.V.m. Art. 6 QR bilden die Grundlage der Sperre. Die Reglemente stellen in den erwähnten Bestimmungen die Nachteile in Aussicht. Die Frage drängt sich auf, ob das Inaussichtstellen solcher Kampfmassnahmen gegen unbotmässige Spieler bereits eine Drohung darstellt. Wie steht es, wenn derlei Kampfmittel ohne vorherige Androhung, wie sie im vorangehenden Abschnitt definiert wurde, sogleich gegen einen Dritten (41) (Spieler) eingesetzt werden? (42) Folgen wir der Meinung von Schultz (43), so ist solches Verhalten als "andere Beschränkung der Handlungsfreiheit" anzusehen. Entgegen der Lehrmeinung (44) müsste gefolgert werden, "dass die Handlungsfreiheit in unzulässiger Weise beeinträchtigt ist, wenn der Täter den Willen des Opfers zu beeinflussen sucht durch den tatsächlichen Einsatz von Mitteln, welche in Aussicht zu stellen, bereits als Androhung ernstlicher Nachteile, Nötigung darstellt" (45). Damit ist angedeutet, welche Schwierigkeiten sich entgegenstellen, will man dieses Verhalten strafrechtlich erfassen.

Dass die "Androhung ernstlicher Nachteile" nicht gleichzusetzen ist der "schweren Drohung" des Art. 180 StGB, dürfte heute nicht mehr ernsthaft bestritten werden (46). Zwischen "schwer" und "ernstlich" besteht ein gradueller Unterschied (47). Für die Erfüllung des Tatbestandes der Nötigung ist demnach nicht erforderlich, dass die Boykottdrohung den Spieler "in Angst oder Schrecken" versetzt, es genügt, "wenn der angedrohte Nachteil ernstlich genug ist, um den Betroffenen in seiner Handlungsfreiheit wesentlich beeinträchtigen zu können" (48). Den Begriff des "ernstlichen Nachteils" zu bestimmen, muss deshalb nächstes Ziel sein.

40 Schwander V., Nr. 628 b, S. 404.
41 Vgl. vorne S. 97.
42 Schultz H., Kartellabrede, S. 280.
43 Kartellabrede S. 280/281 in Übereinstimmung mit BGE 81 IV 105.
44 Vgl. Anm. 68 bei Schultz H., Kartellabrede, S. 280.
45 Schultz H., In Kartellabrede, S. 281.
46 Deutlich das Bundesgericht in BGE 81 IV 105 Erw. 3; Schmidt E., a.a.O., S. 60; Schwander V., Nr. 629a, S. 406; a.M. Thormann/Overbeck N. 9 zu Art. 181 StGB, S. 176; Moppert A. in ZStR 88/1972, S. 180.
47 BGE 81 IV 105 Erw. 3.
48 BGE 81 IV 105 Erw. 3.

Der angedrohte Nachteil kann für das Opfer einen Verlust, eine Beschränkung oder eine Beeinträchtigung darstellen (49). Alle menschlichen Interessen können vom Nachteil betroffen werden, die materiellen ebenso wie die ideellen (50). Sowohl materieller als auch ideeller Art ist der Nachteil, dem der vom Boykott bedrohte Spieler ausgesetzt ist. Auch wenn heute im schweizerischen Fussball der Zug zum Halbprofessionalismus deutlich erkennbar ist, so darf man trotzdem mit Fug behaupten, dass jeder Spieler auch aus Freude und Begeisterung am Fussballsport in einer Mannschaft mitwirkt. Dazu kommt, dass der reine Amateur, der keine oder geringe Prämien bezieht, auch heute noch in der höchsten Landesliga anzutreffen ist. Für jeden Spieler, der diese "gesunde" Einstellung zum Fussballsport mitbringt, bedeutet die Androhung der Sperre einen nicht leicht zu nehmenden Nachteil. Der materielle Nachteil andererseits liegt offen auf. Der boykottierte Spieler hat keine Aussicht, während der Sperrzeit in ein Arbeitsvertragsverhältnis einzutreten, das ihm jene Vermögenszuwendungen bringt, die in den vergangenen Jahren einen mehr oder weniger grossen Teil seiner Einkünfte gebildet haben. Dieses Einkommen bildet je nach "Marktwert" des Spielers die hauptsächlichste Einnahmequelle oder einen bescheidenen "Zustupf". Weiss man aber, dass Spieler nicht selten den angelernten Beruf im Anstellungsverhältnis bei einem Anhänger des jeweiligen Vereins ausüben, so ist immerhin zu beachten, dass ein Boykott seine Auswirkungen auch in dieser Beziehung haben kann. Ist die Tätigkeit des Spielers eng genug verknüpft mit seiner fussballerischen, könnte es nicht erstaunen, wenn der Arbeitgeber an einer Fortsetzung des Arbeitsverhältnisses kein Interesse zeigt.

Was bedeutet es, wenn der Wortlaut des Gesetzes verlangt, dass der Nachteil "ernstlich" sein müsse? "Der Erfolg einer Drohung hängt davon ab, ob der in Aussicht gestellte Nachteil für das Opfer subjektiv ein derartiges Übel bedeutet, dass es sich dadurch veranlasst sieht, unfreiwillig einen bestimmten Entschluss zu fassen." (51) Verhält sich das Opfer derart, so hat es den Nachteil als ernstlich empfunden (52). Das Bundesgericht (53) hat festgestellt, es genüge, "wenn der Nachteil ernstlich genug sei, um den Betroffenen in seiner Handlungsfreiheit wesentlich beeinträchtigen zu können". Nicht der tatsächliche Erfolg der Androhung sei massgebend für die Ernstlichkeit des Nachteils, sondern das objektive Ausmass des Eingriffs (54). Zum selben Ergebnis gelangt denn auch E. Schmidt (55), wenn sie verlangt, dass nebst subjektiven ebenso objektive Gesichtspunkte zu berücksichtigen seien. Die persönliche Eigenart des Opfers und dessen Lage sind ebenfalls in Rechnung zu stellen (56).

49 Schmidt E., a.a.O., S. 61.
50 Hauser R., in Kriminalistik 14/1960, S. 176.
51, 52 Schmidt E., a.a.O., S. 63.
53, 54 So in BGE 81 IV 105 Erw. 3 bestätigt in BGE 96 IV 58 ff.
55 Schmidt E., a.a.O., S. 63; für Welzel H., S. 324 genügt die Drohung mit einem Übel, "das nach objektiver Beurteilung für den individuell Betroffenen empfindlich ist".
56 So auch RS 1950, Nr. 132, Urteil des App. Ger. Basel-Stadt vom 19.1.1949.

Für das Ergebnis der Untersuchung ist es deshalb unergiebig, auf die Zusammenstellung der von verschiedenen Gerichten beurteilten Sachverhalte bei Moppert (57) zu verweisen, wenn, wie eben ausgeführt, sehr viel auf die Person des Täters und des Opfers ankommt. Ist die Boykottdrohung oder der ausgeführte Boykott ernstlich genug, den Spieler in seiner Handlungsfähigkeit wesentlich zu beeinträchtigen? (58) Betrachten wir vorerst den Spieler, der sich den gezeigten Nachteilen ausgesetzt sieht, so sind seine finanziellen Verluste keineswegs gering zu schätzen. Spitzenfussballer können Löhne erzielen, die ein mehrfaches des Einkommens aus dem erlernten Beruf darstellen. Dies wiederum beeinflusst den Lebensstandard, der nicht aufrecht gehalten werden könnte, würde von einem Tag auf den andern eine wichtige Einnahmequelle versiegen.

Fraglich ist nur, welche Bedeutung man dem materiellen Verlust bei der Beurteilung der Ernstlichkeit des Nachteils zumessen soll. Gewiss darf man ihn nicht unterschätzen oder gar für eine Wertung des Sachverhaltes ausser acht lassen, aber ebenso gewichtig scheinen doch andere objektive Gesichtspunkte zu sein. Spricht man von materiellen Nachteilen, so sind die *Auswirkungen* des Boykotts gemeint und ihre Schwere wiederum gemessen an der Höhe der Vermögenszuwendungen, die der Spieler erhält. Ist nicht der Boykott an sich, anders ausgedrückt das mehrjährige Berufsverbot, Grund genug, die Ernstlichkeit des Nachteils zu bejahen? Es ist nicht einzusehen, weshalb unterschieden werden sollte zwischen der Zerstörung einer Fussballerkarriere und irgendeinem andern Berufsverbot. Eine Sportlerkarriere ist im übrigen auch nicht geringer zu schätzen als irgendeine andere berufliche Tätigkeit. Keine Rolle spielt es, dass der Spieler noch einen andern Beruf ausübt. Darin keinen ernstlichen Nachteil zu erblicken wäre nicht richtig. Zwar kann die "doppelte" Berufsausübung verhindern, dass der Spieler vor dem Nichts steht, doch auf die Ernstlichkeit des Nachteils übt dieser Umstand keinen Einfluss aus. Ein freiheitlicher Rechtsstaat hat dem Einzelnen die Möglichkeit zu verschaffen, dass er jener Tätigkeit nachgehen kann, die seiner Veranlagung am besten entspricht.

Weiter ist zu prüfen, welche Ausweichmöglichkeiten der Bedrohte oder der Boykottierte hat (59). Die Antwort ist von wesentlicher Bedeutung für die Bestimmung der Ernstlichkeit des Nachteils. Wiederholt ist schon darauf hingewiesen worden (60) wie eng und zuverlässig die Sperre ist. Der Spieler kann nicht einmal im Ausland den bezahlten Fussballsport weiter betreiben (61). Der Spieler ist sich der Wirksamkeit dieser Massnahme sicher bewusst; die Ernstlichkeit unter diesem Gesichtspunkt ist unbestreitbar.

57 In ZStR 88/1972, S. 179.
58 BGE 81 IV 105 Erw. 3.
59 Schultz H., Kartellabrede, S. 279.
60 Vgl. vorne S. 74.
61 In den USA existiert eine Professional-Liga, die nicht der FIFA angeschlossen ist. Ihre Bedeutung ist gering.

Aus den dargelegten Gründen ist der Schluss zwingend, dass die Ernstlichkeit der zugefügten Nachteile nicht geleugnet werden kann. Ein weiteres Tatbestandsmerkmal der Nötigung ist damit erfüllt (62).

5.   Die Rechtswidrigkeit der Nötigung

Der Wortlaut des Vorentwurfs von 1908 (Art. 111 StGB) sah vor, dass die Anwendung von Gewalt oder schwerer Drohung nur verboten sei, wenn sie in "rechtswidriger Absicht" geschehe (63). In späteren Vorentwürfen und im heutigen Gesetzestext fehlt dieses Wort, so dass daraus der wohl nicht richtige Schluss gezogen wurde, Nötigung sei strafbar als Vergehen gegen die Willensfreiheit, gleichgültig, ob sie auf erlaubten oder unerlaubten Erfolg ausgehe (64). "Allein so uneingeschränkt kann der Schutz der Willensfreiheit nicht gelten." (65) Enthielte Art. 181 StGB ein allgemeines Zwangsverbot, so führte dies zu Ergebnissen, die der Gesetzgeber nicht gewollt haben kann (66). Nicht jede Nötigung schlechthin ist rechtswidrig (67). Nicht strafbar macht sich derjenige, "der einen erlaubten Zweck mit an sich erlaubten Mitteln verfolgt und dabei auf die Willensbildung des andern nicht weiter einwirkt, als zur Erreichung des Zweckes erforderlich ist" (68). Der Nötigende ist selbst dann nicht strafbar, wenn er die in der Strafbestimmung genannten Zwangsmittel gebraucht (69). Die bundesgerichtliche Praxis, die für die vorliegende Arbeit übernommen wird, stellt "auf die rechtliche Natur des verfolgten Zweckes, auf die angewandten Mittel und auf die Zweck-Mittel-Beziehung ab" (70). Demnach ist die Nötigung rechtswidrig, "wenn der erstrebte Zweck oder das angewandte Mittel gegen die Rechtsordnung oder gegen die guten Sitten verstösst" (71). "Ebensowenig darf ein rechtlich oder sittlich gebotenes Verhalten mit einem Druckmittel erzwungen werden, das gegen die guten Sitten verstösst." (72) Schliesslich ist die Nötigung auch

---

62 Diese Meinung steht im Gegensatz zu Kern W., Die Nötigung nach Art. 181 StGB, Bern 1942, S. 109: "Der Boykott enttäuscht nicht begründete (d.h. auf die Rechtsordnung gegründete) Erwartungen des Boykottierten und ist deshalb nicht als Nachteil im Sinne des Art. 181 StGB aufzufassen."

63 Ebenso der VE von 1896, Art. 103.

64 Diese Meinung vertritt Hafter E., S. 91 f., ebenso Germann O.A., in Anm. 2 und 3 zu Art. 181 StGB.

65 BGE 69 IV 1972.

66 Vgl. die Beispiele bei Schultz H., Kartellabrede, S. 285 und E. Schmidt, a.a.O., S. 74.

67 Schwander V., Nr. 629a, S. 405; E. Schmidt, a.a.O., S. 74; Bollag C., a.a.O., S. 49; Im Ergebnis auch BGE 69 IV 172, Erw. 2, BGE 87 IV 14 Erw. 1.

68, 69 BGE 96 IV 60 Erw. 1.

70 Schmidt E., a.a.O., S. 73.

71 BGE 87 IV 14 Erw. 1; Schmidt E., a.a.O., S. 73; Schwander V., Nr. 629a, S. 405; Bollag C., a,a.O., S. 51; Maurach, BT, S. 113; Schönke/Schröder, N. 15 zu Paragraph 240 StGB, S. 961.

72 Schmidt E., a.a.O., S. 73.

dann rechtswidrig, "wenn die Verwendung eines an sich zulässigen Mittels zur Verfolgung eines erlaubten Zweckes nach landläufiger Auffassung missbräuchlich erscheint" (73). Zur Verdeutlichung seien die Überlegungen von Hauser (74) herangezogen. Nicht rechtswidrig handelt der Täter, "wenn er sich auf die Wahrung berechtigter Interessen berufen kann" (75). Gleich wie bei der Frage nach der Rechtswidrigkeit eines Boykotts (76) ist ein Eingriff in ein fremdes Rechtsgut (Willensbildung, Willensentschliessung, Willensbetätigung) aber nur dann gerechtfertigt, "wenn die vom Täter wahrzunehmenden Interessen wirklich den Vorzug verdienen vor denjenigen, die er notwendigerweise durch sein Vorgehen verletzt" (77). Ebenso wichtig ist bei dieser Abwägung, dass zwischen wahrgenommenem Interesse und Schaden ein krasses Missverhältnis nicht entsteht und gleichzeitig die Proportionalität des angewendeten Mittels gewahrt ist (78).

Stellen wir nun direkt die Frage nach der Rechtswidrigkeit der Boykottandrohung oder des Boykottes auf den vorstehenden Sachverhalt bezogen. Abzulehnen ist der Gedanke, der Boykott und dessen Androhung habe deshalb nichts Rechtswidriges an sich, weil es sich um eine alltägliche Erscheinung im Wirtschaftsleben handelt. (79) Kollektive wirtschaftliche Massnahmen sind zweifelsohne geeignet, im Einzelfall den Tatbestand der Nötigung zu erfüllen (80). Das Mittel der Nötigung ist im vorliegenden Sachverhalt die Boykottandrohung, von wem sie auch immer ausgehen mag. Der Spieler soll mittels Boykottdrohung gezwungen werden, seinen Willen dem des Nötigenden unterzuordnen. Der Boykott ist gemäss der bundesgerichtlichen Rechtsprechung "grundsätzlich widerrechtlich" (81). Wir haben für den Boykott festgestellt, dass er das Recht der Persönlichkeit des Art. 28 ZGB verletzt. Verstösst ein Verhalten dermassen gegen eine Norm der Rechtsordnung, so könnte eigentlich gefolgert werden, auch die Nötigung sei widerrechtlich. Der Boykott bzw. die Boykottdrohung werden nämlich als Mittel der Nötigung zur Erreichung eines an sich erlaubten Zweckes gebraucht. Dieses Mittel trägt aber den "Makel" der Rechtswidrigkeit. Für diese Behauptung kann auf bereits früher gemachte Ausführungen verwiesen werden (82). Die bundesgerichtliche Rechtsprechung lässt es denn auch für die Rechtswidrigkeit der Nötigung genügen, wenn das angewandte Mittel

---

73 Hauser R., in Kriminalistik 14/1960, S. 176; Schmidt E., a.a.O., S. 73; Moppert A., in ZStR 88/1972, S. 182; Positiv ausgedrückt in BGE 87 IV 14: ..., wenn "die Anwendung des Zwanges als angemessenes Druckmittel erscheint"; Stratenwerth G., BT I, S. 92.

74 In Kriminalistik 14/1960, S. 177.

75 Im Ergebnis gleich: Moppert A., in ZStR 88/1972, S. 182.

76 Vgl. vorne S. 76 ff.

77 Hauser R., in Kriminalistik 14/1960, S. 177.

78 Hauser R., in Kriminalistik 14/1960, S. 177; gl. M. Germann O.A., N. 4 zu Art. 181 StGB; Schwander V., Nr. 629a, S. 405; Maurach R., BT, S. 113.

79 Diese Meinung wird von Hofstetter–Leu, S. 42, vertreten.

80 Schultz H., Kartellabrede, S. 289 und Schmidt E., a.a.O., S. 77.

81 BGE 86 II 378, vgl. vorne S. 69 ff.

82 Vgl. vorne S. 78 ff.

gegen die Rechtsordnung verstösst (83). Sicher ist nicht jeder Boykott als strafbare Handlung im Sinne des Strafgesetzbuches aufzufassen (84). Wenn aber wie hier bereits das Mittel der Nötigung rechtswidrig ist, so hilft nichts, nach den mit dem Mittel verfolgten Interessen zu fragen. Selbst wenn man sie berücksichtigen wollte, änderte dies an der Schlussfolgerung nichts. Die Interessenabwägung hat gezeigt (85), weshalb die Interessen des Boykottierenden den Vorzug nicht verdienen. Analog dazu muss bei der Nötigung verneint werden, dass der Täter "überwiegend berechtigte Interessen verfolgt, die er auf keine andere Weise wahren kann" (86). Fällt damit auch dieser in Art. 181 StGB implizit enthaltene Rechtfertigungsgrund weg, so ist die Rechtswidrigkeit (87) der Nötigung gegeben (88). Damit ist ein weiteres Tatbestandsmerkmal erfüllt. Um die Täter strafrechtlich zu erfassen, muss die Tat vorsätzlich begangen sein.

6. Der Nötigungsvorsatz

Die Nötigung setzt voraus, dass sich das Wissen und Wollen des Täters auf sämtliche objektiven Merkmale des Tatbestandes erstreckt (89). "Der Täter muss sich bewusst sein, dass er ein Mittel anwendet, das die Handlungsfreiheit beschränkt, und dass er damit jemanden gegen dessen Willen zu einem Tun, Unterlassen oder Dulden bestimmt oder möglicherweise bestimmen könnte." (90) Nicht leicht dürfte es in der Praxis sein, dem Täter, soweit es sich um ein Vereinsmitglied, einen Spieleragenten oder einen Supporter handelt, einen derartigen Vorsatz nachzuweisen. Sicherlich würde von dem betreffenden Täter eingewendet, er hätte ja nichts anderes getan, als diejenigen Bestimmungen angewendet, die das Reglement für diesen Sachverhalt vorsehe. Demnach könnte der Betroffene geltend machen, dieses Verhalten sei erlaubt. Dazu ist zu bemerken, dass das Bewusstsein der Rechtswidrigkeit nicht zum

83 BGE 87 IV 14 Erw. 1/vgl. vorne S. 76 ff.
84 Schmidt E., a.a.O., S. 77.
85 Vgl. vorne S. 76 ff.
86 BGE 86 II 378, vorne S. 81 ff.
87 Interessant, jedoch untauglich ist der in Deutschland unternommene Versuch, die Rechtswidrigkeit kollektiver wirtschaftlicher Massnahmen durch den Begriff der "sozialen Adäquanz" zu bestimmen (Schultz H., Kartellabrede, S. 288). Dieser Begriff bei Welzel H., S. 326/327.
88 Dazu Kern W., a.a.O., S. 110: Der objektive Nötigungstatbestand ist dann erfüllt, wenn mit rechtswidrigem Boykott gedroht wird. SJZ 9, 1912, S. 97 Urteil des Kant. Gerichts des Kts. St. Gallen vom 23. September 1910.
89 Schultz H., Kartellabrede, S. 283; Thormann/Overbeck, N. 12 zu Art. 181 StGB, S. 176; Schwander V., Nr. 629a, S. 405; Bollag C., a.a.O., S. 162; Schönke-Schröder, N. 25, S. 964; Schmidt E., a.a.O., S. 83.
90 Schmidt E., a.a.O., S. 83.

Vorsatz gehört (91). Es ist also nicht erforderlich, dass der Täter in rechtswidriger Absicht handelt (92). Ausserdem hindert die Tatsache, dass ein solches Verhalten beim Transfer "allgemein üblich" ist, nicht, anzunehmen, der Nötigende hege ein Gefühl der Unrechtmässigkeit seines Handeln. Wer unter Androhung eines Boykotts jemanden nötigt, ein Arbeitsvertragsverhältnis nicht zu begründen oder gerade dieses und kein anderes zu begründen, ist sich bewusst, nicht so gehandelt zu haben, wie es dem korrekt handelnden Menschen entspricht. Diese Feststellung geht sicher nicht zu weit. Es entspräche deshalb nicht der Sachlage, würde man dem Täter Rechtsirrtum (Art. 20 StGB) zubilligen. Es hält schwer zu glauben, dass der Täter "sein Verhalten aus zureichenden Gründen für zulässig gehalten hat" (93). Dies müsste man dem Täter zubilligen, wenn ein Rechtsirrtum nach Art. 20 leg. cit. vorläge.

Noch einmal kehren wir zurück zu einer Frage, die uns schon wiederholt beschäftigt hat. Die NL als kartellistisches Gebilde (94) enthält in ihren Reglementen, die für die Aussperrung eines Spielers notwendigen Bestimmungen. Diese Massnahmen sind nicht im Zusammenhang mit einem bestimmten Einzelfall geschaffen worden. Beschliesst ein Kartell "gegenüber einem bestimmten Aussenseiter, einem unbotmässigen Mitglied" oder einem Dritten in einem bestimmten Zeitpunkt unzulässige Kampfmassnahmen, ist "das nötigende Verhalten fest umrissen und der Vorsatz deutlich greifbar" (95). Auf den vorliegenden Sachverhalt trifft dies jedoch nicht zu. Die Delegiertenversammlung der NL hat sich unter Würdigung der Gesamtsituation im Transferwesen veranlasst gesehen, zu einer Reglementierung zu greifen, die eben u.a. auch einen Boykott des Spielers vorsieht. Nicht ein einzelner Fall war auslösendes Moment, nicht das Verhalten eines Spielers in einem bestimmten Zeitpunkt. Wie soll man nun den Delegierten dieser Generalversammlung als Mittätern (96) einen nötigenden Vorsatz nachweisen? Waren sich die Delegierten im Zeitpunkt des Erlassens der fraglichen Bestimmungen der Auswirkungen wirklich bewusst? Ist nicht vielmehr anzunehmen, dass die Tragweite der Sperre, "dank" der zum Teil doch recht verklausuliert aufgenommenen Bestimmungen gar nicht vorausgesehen werden konnte? Hier Vorsatz oder auch nur Eventualdolus (97) nachzuweisen, dürfte in der Praxis beinahe unlösbare Schwierigkeiten bereiten. Gelänge dieser Nachweis, dann wäre der Tatbestand der Nötigung erfüllt.

91 Vgl. die bei Schmidt E., a.a.O., in Anm. 2, S. 83 angeführten bundesgerichtlichen Entscheide, Für viele BGE 90 IV 48 f.; a.M. Schultz H., AT I, S. 130: Er zieht die Vorsatztheorie der vom Bundesgericht vertretenen Schuldtheorie vor.
92 Schmidt E., a.a.O., S. 83.
93 Schultz H., Referat, S. 35.
94 Vgl. vorne S. 22 ff.
95 Schultz H., Kartellabrede, S. 284.
96 Vgl. vorne S. 97.
97 Nach Kern W., a.a.O., S. 123 genügt Eventualdolus.

7. Zivilrechtliche Folgen des Ergebnisses

Die strafrechtlichen Erwägungen bleiben auch für das Zivilrecht, insbesondere das Obligationenrecht, nicht ohne Folgen. "Ist ein Vertragsschliessender von dem andern oder von einem Dritten widerrechtlich durch Erregung begründeter Furcht zur Eingehung eines Vertrages bestimmt worden, so ist der Vertrag für den Bedrohten unverbindlich." Art. 29 Abs. 1 OR nennt diesen Willensmangel. Hat ein Spieler unter Boykottdrohung den Vertrag beim bisherigen Verein oder bei einem neuen Verein unterzeichnet, dann steht ihm die Möglichkeit zu, sich auf Art. 29 OR zu berufen. Ohne Zweifel sind die in der zitierten Norm geforderten Voraussetzungen erfüllt: Die Furchterregung ist *widerrechtlich* (98), weil der Spieler mittels unerlaubter Handlung bedroht wird (widerrechtlicher Boykott) (99). Unter dem Einfluss dieser Drohung schliesst der Spieler den Vertrag. Der *Kausalzusammenhang* zwischen Furcht und Willensentschliessung liegt damit offen auf (100). Als dritte Voraussetzung wird eine *gegründete Furcht* genannt, die den Spieler zum Vertragsschluss genötigt hat (101) (Art. 30 Abs. 1 OR). Diese Bedingung kann mit dem Hinweis auf die Ausführungen über "die ernstlichen Nachteile" (102) bei der Nötigung ebenfalls bejaht werden. Die Wirkung der Drohung besteht in einer einseitigen Unverbindlichkeit des Vertrages zugunsten des Bedrohten (103). Ferner hat der Spieler Anspruch auf Schadenersatz, der sich gegen den Drohenden richtet. (104) Der Spieler kann sich auf diesen Willensmangel selbst dann berufen, wenn die Boykottdrohung von einem Supporter oder einem Agenten ausgeht, denn Art. 29 OR bezieht den Dritten ausdrücklich mit ein.

8. Conclusio

Mannigfach sind die Probleme, will man die möglichen Täter strafrechtlich erfassen. Stellt man gleichzeitig fest, dass es sich um Kampfmassnahmen handelt, die in ihrer Wirkung einschneidend und wirksam sind (105), so erstaunt, dass das Strafgesetzbuch keinen Tatbestand zur Erfassung solcher Vorkehren kennt. Schultz (106) stellt die Frage, ob dies nicht zeige, "wie wenig unser heutiges Recht zuweilen den wirklichen gesellschaftlichen und wirtschaftlichen Zuständen gewachsen ist". Dies bejahend, sei darauf verwiesen, wie schnell die wirtschaftliche Entwicklung voranschrei-

---

98 Guhl/Merz/Kummer, S. 145.
99 Vgl. vorne S. 76 ff.
100, 101 Guhl/Merz/Kummer, S. 146.
102 Vgl. vorne S. 98.
103 Guhl/Merz/Kummer, S. 144.
104 Guhl/Merz/Kummer, S. 147.
105 Schultz H., Kartellabrede, S. 290.
106 Kartellabrede, S. 290.

tet und wie schwer es deshalb für den Gesetzgeber ist, "zeitgemäss" zu bleiben. Wenn wir im Ergebnis den Tatbestand der Nötigung bejahen, so, weil es Aufgabe auch des Strafrechts ist, Verbandsmacht nicht unkontrolliert gewähren zu lassen (107). Es kann hier nicht darum gehen, den Bereich der Nötigung zu erweitern (108). Die Tatsache jedoch, dass die bundesgerichtliche Rechtsprechung zur Boykottfrage eine wesentliche Praxisänderung erfahren hat (109), musste im Ergebnis mitberücksichtigt werden. An diesem Ergebnis ändert auch die jüngste Rechtsprechung des Bundesgerichts zum Kartellgesetz nichts. Wir haben bereits dargelegt, weshalb das Gesamtinteresse in diesem Fall nicht berührt ist (110). Das persönliche Selbstbestimmungsrecht des Einzelnen ist ein schützenswertes Gut, das frei von Zwang und Drohung ausgeübt werden soll. Wenn schon das schweizerische Recht "ein eigenständiges Persönlichkeitsrecht auf freie wirtschaftliche Betätigung anerkennt", so wäre de lege ferenda zu prüfen, ob nicht die wirtschaftliche Betätigungsfreiheit in einem selbständigen Tatbestand geschützt werden müsste (111). Oder will man sich fürderhin mit der Nötigung behelfen, deren Anwendung in der Praxis — wenigstens auf dem eben besprochenen Gebiet — nicht geringe Schwierigkeiten bereitet? Ziel eines neuen Tatbestandes müsste es sein, überbordende Verbandsmacht strafrechtlich erfassbar zu machen.

F.   Ergebnisse der Arbeit: 12 Thesen

1. Die Nationalliga ist ein föderalistisch strukturierter Verband. Mitglieder sind 28 NL-A und B Vereine. Die einzelnen Spieler sind nicht Mitglieder des Verbandes. Zum Teil sind sie Mitglieder der Vereine, mit denen sie durch den Spielervertrag verbunden sind.

2. Die NL ist in bezug auf die Regelung der Übertritte ein Kartell im Sinne des Art. 2 Abs. 1 KG. Das Kartellgesetz gilt jedoch nicht für Vorkehren, die ausschliesslich das Arbeitsverhältnis betreffen (Vorbehalt des Art. 1, zweiter Satz KG). Die Verträge, Beschlüsse und Vorkehren des Verbandes betreffen ausschliesslich das Arbeitsverhältnis.

---

107 So auch bei Schultz H., Kartellabrede, S. 291.
108 Vor einer extensiven Anwendung der Nötigung warnt Hauser R., in Kriminalistik 14/1960, S. 178.
109 Vgl. vorne S. 69 ff.
110 Vgl. vorne S. 86.
111 Schultz H., Kartellabrede, S. 291.

3. Der Vertragsfussballspieler in der Schweiz übt einen Beruf aus, wie er in der Berufsliste des eidgenössischen Statistischen Amtes aufgeführt ist (Berufssportler).

4. Der Spielervertrag zwischen Verein und Spieler ist ein Formularvertrag. Der Verweis auf das bestehende Satzungsrecht in Art. 4 SV bewirkt, dass der Spieler rechtsgültig dem umfangreichen Satzungsrecht unterworfen ist. Der Spielervertrag verweist auf Allgemeine Geschäftsbedingungen, die damit zum integrierenden Bestandteil des Vertrages werden. Artikel 4 SV bildet die rechtliche Grundlage für die Unterwerfung des Spielers unter die Verbandsstrafgewalt.

5. Die Transfersumme kann als objektive Zulassungsbeschränkung zu einem Beruf betrachtet werden. Sie ist Entgelt des neuen Vereins für die Freigabe durch den bisherigen Verein. Gegen die Entrichtung einer Transfersumme kommen rechtliche Bedenken solange nicht auf, als nur das Verhältnis der Vereine berührt ist. Die zusätzlich notwendige Einwilligung des alten Vereins birgt die Möglichkeit des Boykotts in sich. Seine Zulässigkeit ist an Art. 28 ZGB zu messen.

6. Der Boykott ist nicht Vertragsstrafe (Konventionalstrafe) im Sinne des Art. 160 ff. OR. De facto hat der Boykott den Charakter einer Verbandsstrafe, deren rechtliche Begründung nicht unbedenklich ist, weil die Spieler selbst nicht Mitglieder des Verbandes sind.

7. Der Boykott eines deutschen Vertragsfussballers stellt ein Berufsverbot dar und verstösst gegen Art. 12 des Grundgesetzes. Die Bundesverfassung kennt kein Recht auf freie Berufswahl. Das Bundesgericht hat jedoch das Grundrecht der Handels- und Gewerbefreiheit dahingehend konkretisiert, dass es dem Einzelnen ein privates Recht auf freie wirtschaftliche Betätigung zuerkennt. Damit hat es eine indirekte Drittwirkung der HGF anerkannt, die als Auslegungsregel für die Interpretation privatrechtlicher Generalklauseln (z.B. von Art. 28 ZGB) von Bedeutung ist.

8. Art. 356a Abs. 2 OR, der die gesamtarbeitsvertragsrechtliche Freiheit der Berufsausübung garantiert, kann nicht angerufen werden.

9. Der Boykott des Verbandes gegen einen Spieler ist widerrechtlich und verstösst gegen das Recht der Persönlichkeit von Art. 28 ZGB.

10. Die mit der Unterzeichnung des Spielervertrages verbundene Unterwerfung unter die Boykottklausel schneidet zu nachhaltig in die Handlungsfreiheit des Spielers ein und hält vor Art. 27 Abs. 2 ZGB nicht stand.

11. Das Bundesgesetz über den unlauteren Wettbewerb (UWG) findet bei der Beurteilung des Boykotts keine Anwendung.

12. Die Boykottdrohung und der Boykott erfüllen die objektiven Tatbestandsmerkmale der Nötigung (Art. 181 StGB). Dieses Ergebnis äussert seine Folgen auch im Zivilrecht. Gemäss Art. 29 OR sind Verträge, die durch Erregung widerrechtlicher gegründeter Furcht zustandegekommen sind, für den Bedrohten unverbindlich.

G. Anhang: Auszug aus den Reglementen
(Mit Genehmigung der National-Liga)

Statuten der Nationalliga des SFV

Art. 1: Die "Nationalliga", "Ligue nationale", "Lega nazionale" ist eine Abteilung des Schweizerischen Fussballverbandes (SFV).
Sie ist ein Verein im Sinne der Art. 60 ff. ZGB.

...

Art. 3: ...
Sie regelt die Übertritte innerhalb der Nationalliga. Sie wahrt und fördert die gemeinsamen Interessen der ihr angehörenden Vereine und sucht die Qualität des schweizerischen Fussballsportes allgemein zu heben.

Art. 4: Die Statuten, Reglemente und Beschlüsse des SFV und der Nationalliga sind für die Organe, die Vereine sowie deren Mitglieder, Funktionäre, Angestellte und Spieler verbindlich.

Art. 5: Die Vereine unterstellen sich und ihre Mitglieder, Spieler, Funktionäre und Angestellten vorbehaltlos der Verbandsgerichtsbarkeit für alle Streitigkeiten, die sich aus der Mitgliedschaft beim SFV und der Nationalliga ergeben, oder sonst Rechte und Pflichten betreffen, die durch die Statuten des SFV und der Nationalliga oder durch Reglemente des Verbandes oder der Abteilung begründet werden.

Art. 6: Mitglieder der NL sind die ihr angehörenden 28 Vereine. Hievon gehören 14 der Spielgruppe A und 14 der Spielgruppe B an.

...

Art. 13: ...
Der Generalversammlung liegen insbesondere ob:

...

11. Genehmigung und Änderung der Statuten und der Reglemente, sofern der Erlass der Reglemente in diesen Statuten nicht ausdrücklich in die Kompetenz des Komitees gestellt worden ist.

...

Art. 17: ...
Das Komitee hat alle Befugnisse, die nicht durch Gesetz oder Statuten an andere Organe übertragen sind. Ausserdem liegen ihm insbesondere ob:

...

2. die Erledigung aller ihm im Reglement für den Spielbetrieb und dem Reglement für die Kontrolle der Spieler der NL übertragenen Aufgaben.

...

Art. 30: Das Komitee ist gegenüber den Vereinen, deren Mitgliedern, Funktionären und Angestellten sowie den Spielern der NL und der Reserven zur Verhängung folgender Disziplinarstrafen zuständig:

...

2. Entzug der Spielberechtigung bis zu 12 Monaten (Suspension)

...

9. Boykott

Reglement für die Qualifikation der NL-Spieler (QR)

...

Art. 3: Es können sofort die Spielberechtigung in der NL erwerben: Spieler, die
a) in den letzten zwei Jahren vor Einreichung des Gesuches keine Verbandsspiele in der NL ausgetragen haben, gerechnet ab Ende der Saison, in der das letzte Spiel ausgetragen wurde.
b) in den letzten 24 Monaten vor Einreichung des Gesuches kein Spiel in einer Amateurliga oder in einem ausländischen Verband ausgetragen haben und zudem nach den Bestimmungen der FIFA frei sind.

...

Art. 5bis: Es ist Clubfunktionären sowie allen weiteren Personen, die den Übertritt eines Spielers zu einem Club anstreben, untersagt, mit Spielern der NL in Übertrittsverhandlungen zu treten, die nicht auf der offiziellen Transferliste stehen.

Art. 6: Ein NL-Spieler kann nur mit der bedingungslosen und ordnungsgemässen Freigabe seines Vereins in einen andern NL-Verein übertreten. Solange eine solche Freigabe nicht vorliegt, kann ein Spieler einzig für seinen bisherigen Verein in der NL Spielberechtigung erhalten.

...

Art. 19: Jedes Meisterschaftsspiel der NL oder der Reserven, an dem ein oder mehrere nicht spielberechtigte Spieler teilgenommen haben, ist unwiderruflich für die fehlbare Mannschaft verloren. Es wird mit 0 : 3 Toren in die Rangliste eingetragen, sofern das Resultat der fehlbaren Mannschaft dadurch nicht besser wird.

...

Statut für Nichtamateurspieler

...

Ziff. 2:   Alle diesem Nichtamateur-Statut unterstellten Spieler haben einen Be-
            ruf auszuüben, welcher ihnen das Existenzminimum garantiert.

            ...

Ziff. 3:   Die Vereine sind verpflichtet, mit allen Lizenzspielern schriftliche Ver-
            einbarungen abzuschliessen.

            ...

            Die minimalen Zuwendungen des Vereins an den Spieler müssen in der
            Vereinbarung festgelegt werden.

...

Ziff. 7:   Ein Spieler darf nur mit demjenigen Verein eine Vereinbarung oder
            einen Vorvertrag abschliessen, für den er spielberechtigt ist.
            Im Falle eines Übertritts darf mit dem neuen Verein eine Vereinbarung
            erst abgeschlossen werden, wenn der bisherige Verein des Spielers schrift-
            lich sein Einverständnis mit dem Übertritt erklärt hat. Wird gegen die
            Bestimmungen von al. 1 oder 2 verstossen, so erhält der Spieler für den
            betreffenden Verein während den nächsten drei Jahren keine Spielbe-
            rechtigung bzw. wird eine bereits erteilte Spielberechtigung aufgehoben.

Ziff. 8:   ... Er (der Spieler) hat sich den Verbands-, Nationalliga- und Vereinssta-
            tuten und -reglementen sowie den Weisungen der zuständigen Vereins-
            funktionäre vorbehaltlos zu unterziehen und sich als Sportsmann zu be-
            nehmen.

Ziff. 9:   Ein Spieler darf seine Mitwirkung in einem NL-Verein nicht von der Ab-
            gabe einer Erklärung abhängig machen, die ihm eine spätere Freigabe
            für den Übertritt in einen andern Verein zusichert. Solche Erklärungen
            werden bei Übertrittsgesuchen nicht als gültige Freigabe anerkannt.

...

Ziff. 14:   Für Streitigkeiten aus einer Vereinbarung ist der ordentliche Rechtsweg
            ausgeschlossen.

            ...

Reglement der Nationalliga betreffend die Begrenzung der Spieler-entgelte und Transfersummen

...

Art. 4: 1. Der Spieler hat anstelle eines Handgeldes seitens des neuen Clubs Anspruch auf einen Anteil von maximal 1/10 an der für seinen Über-tritt vereinbarten Transfersumme, sofern sein Spielervertrag mit dem übernehmenden Club auf eine Dauer von mindestens zwei Saisons abgeschlossen wird (1).
...

3. Der Transfersummenanteil ist dem Spieler in 24 aufeinanderfolgen-den Monatsraten, beginnend auf Ende des Monats, in welchem der Transfer wirksam wird, auszuzahlen.

Art. 22: Die Vereine sind verpflichtet, beim Abschluss der Spielerverträge das vom Kontrollorgan ausgearbeitete Vertragsformular zu verwenden.

Wettspielreglement (WR)

...

Art. 69: Der Beizug von Agenten oder Vermittlern bei Übertritten ist Vereinen und Spielern verboten.
...

National-Liga A oder B Spielervertrag

Art. 4: Einbezug des Satzungsrechts
Der Spieler bestätigt, dass er vor der Unterzeichnung des Spielervertra-ges Gelegenheit gehabt hat zur Kenntnisnahme der folgenden Satzungen und Reglemente, welchen er sich unterstellt und welche einen integrie-renden Bestandteil dieses Vertrages bilden:
a) das Wettspielreglement des Schweizerischen Fussballverbandes (SFV),
b) das Rechtspflege-Reglement des SFV,
c) das Handbuch der NL,
d) das Reglement für das Kontroll-Organ der NL,
e) die Satzungen und Reglemente des Clubs.

...

1 Art 4 Ziff. 1 wurde am 29. September 1973 durch Beschluss der ordentlichen Generalver-sammlung (Neuenburg) wie folgt abgeändert:

Art. 8:   Disziplinarrechtliche Unterstellung
Der Spieler unterwirft sich für die Dauer der Gültigkeit des obenstehenden NL-Spielervertrages für Fälle von Verstössen gegen die Bestimmungen des Spielervertrages sowie der in Art. 4 des NL-Spielervertrags vorbehaltenen Verbands- und Clubvorschriften der Disziplinargewalt der zuständigen Verbands- und Cluborgane.

Art. 9:   Schiedsgerichts-Vereinbarung
Die Parteien verzichten hiermit darauf, in Streitigkeiten aus dem obenstehenden NL-Spielervertrag und über die Anwendung der darin vorbehaltenen Verbands- und Clubvorschriften den ordentlichen Richter anzurufen, sofern der Verband bzw. der Club eine schiedsgerichtliche Erledigung im Sinne von Ziff. 14 bis 16 des NL-Statuts für Nichtamateur-Spieler vorsehen.

...

Anhang   Ausserordentliche Vermögensleistungen des Clubs
a) Transfersummenanteil
   ...

b) Ausserordentliche Treueprämie
   ...

"Ein Spieler kann an einem definitiven Transfer beteiligt werden, sofern der Vertrag mit dem neuen Verein auf mindestens zwei Saisons abgeschlossen wird. Der Anteil beträgt in der NL-A höchstens Fr. 10'000.–, in der NL-B höchstens Fr. 3'000.–. Bei Leihverträgen dürfen keine Spieleranteile ausgerichtet werden."
Bisherige Ziff. 2 wurde gestrichen (Spieleranteile bei Leihverträgen). Bisherige Ziff. 3 nun als Ziff. 2 im Reglement.